Stefania Sonzogno

AAA cercasi M come Mamma

Youcanprint *Self - Publishing*

Titolo | AAA cercasi M come Mamma
Autore | Stefania Sonzogno
Immagine di copertina | © evgenyatamanenko - Fotolia
ISBN | 978-88-91150-00-4

© Tutti i diritti riservati all'Autore
Nessuna parte di questo libro può essere riprodotta senza il
preventivo assenso dell'Autore.

Youcanprint *Self-Publishing*
Via Roma, 73 - 73039 Tricase (LE) - Italy
www.youcanprint.it
info@youcanprint.it
Facebook: facebook.com/youcanprint.it
Twitter: twitter.com/youcanprintit

A mia figlia Ingrid.

E alla mia mamma,

perché essere mamma e figlia

sono le due esperienze più straordinarie della vita.

Dall'autrice di

" I come Ingrid, S come stefy"

L'autrice invita il lettore ad immedesimarsi in un neonato (in fieri); capovolgendo la classica frase: «Sai, aspetto un bambino» ne suggerisce un'altra, come se fosse riflessa sull'altra faccia dello stesso specchio: «Sai, aspetto una mamma».
Il personaggio narrante, infatti, è un cuoricino che vuole tanto venire al mondo; che percepisce la gioia di essere atteso; che guarda con attenzione, da una nuvola, la (SUA) mamma; che poi, finalmente, riesce ad "agganciarla con una lenza", sicuro di aver fatto la scelta giusta. Impertinente, commenta, dal suo punto di vista i mesi nel pancione, la sua collaborazione durante il parto, il primo anno «alla luce», i gesti quotidiani dei genitori, le ansie, le paure o le gioie che li accomuna a loro.

Cosa rimane al lettore di tutto l'amore e lo stupore che lega cuoricino al cuore della mamma?
La piacevole sensazione di avere condiviso la loro intima? serena? conflittia-

Il ciliegio rosa nel giardino di casa è la metafora dell'amore che unisce i protagonisti del libro: la nonna, i genitori, gli amici dell'autrice, e i suoi piacevoli ricordi d'infanzia sono le radici di questo amore, seminascoste ma fondamentali; il "Sig. Japà" è invece il tronco, solido ma flessibile, che dirama verso il cielo le lunghe rassicuranti dita e che sostiene loro, là in alto, mamma e figlia abbracciate, i rami dell'una intrecciati alle nuvola di fiori dell'altra.

(Rosa, ovviamente, il colore preferito da entrambe)

Tiziana

— Come raccontare a un bambino
l'arrivo di un fratellino —

AAA cercasi M come mamma

☺☺☺☺☺☺☺☺☺☺☺

- _Mamma e cuoricino_
- _Il primo sorriso di M, mamma_
- _La mia prima foto_
- _Cuoricino rosa o azzurro, mamma è davvero curiosa_
- _Ecografia morfologica…mi si vede un piedino…un piedino!_
- _Arriva il natale, il nostro prima Natale insieme Mamy, poi c'è il g del tuo onomastico._
- _Sono un cuoricino ROSA Mamy…sei felice???? Adesso cosa ci comperiamo???_
- _Gravidanza al termine…ho come l'impressione che Mamy mi voglia cacciare fuori dal suo pancione…_
- _I test di Mamy_
- _La valigia per l'ospedale, Mamy metti anche le mie cose!_
- _Come mi chiamerai???Scegliamo insieme??? Dopotutto il nome sarà il mio!_
- _15 Giugno…eccomi! Ma…non sarà mica un bisturi quello, vero?_
- _Incomincia la Nostra avventura insieme._
- _DAY-ONE, la mamma la mattina dopo il parto e la notte nella Nursery e gli occhiali per prendere il sole_
- _Il primo cambio con mamma…_
- _Mamma che fame, mamma non mi dai da mangiare?_
- _La nanna….le canzoni di mamma_

- *Baby blues, cosa c'è Mamy????*
- *Mamy ed io partiamo per il mare con il Sig. Papà*
- *Eccoci al mare!*
- *Il mio S. battesimo*
- *Ma è già di nuovo Natale? Questa volta festeggiamo insieme*
- *S.Stefano, Mamy io oggi ho una sorpresa per te...mi sento pronto...ti dico MAMMA!*
- *Arriva L'inverno*
- *Il giorno di San Valentino e il carnevale*
- *La S.Pasqua, Mamy mi racconta una storia, lei sa sempre delle storie bellissime*
- *Il mio primo compleanno, grazie Mamy del nostro primo anno insieme!*

<u>Il primo giorno di Luce</u>

Eccomi, sono arrivata da mamma.

!!!!!

Sono un cuoricino rosa, con un orecchio grande e morbido.

Ho due grandi occhioni blu, e presto la mia testolina da cuoricino, sarà ricoperta da folti riccioli d'oro, sembro un angioletto ma non lo sono, infatti sono ancora un cuoricino...

Sono qui, insieme a tanti altri cuoricini, tutti diversi tra loro, ma tutti bellissimi, e cerco di pescare la mamma che ho scelto per me.

...Me ne stavo sulla mia nuvoletta, con la mia piccola canna-pesca-mamma ed aspettavo,quando l'ho trovata, era davvero lei la mamma che cercavo.

Mamma mi aspettava da tanto tempo, ed io la guardavo dalla mia nuvoletta rosa dall'alto del cielo.

La mia M come mamma.

AAA Mamma cercasi....

Sì, è quello giusta, ho fatto la mia scelta!

Ora devo aspettare che lei si avvicini un pochino, e poi cercherò di prenderla con la mia canna-pesca-mamma.

...ancora nulla...

....nulla...

Mamma! Mamma mi senti????

Avvicinati un pochino!!!

Dai!!!!!

Mamma!!!!

Sono qui!!!!!

Mamy!!!!!

…uffff…..

Eddai….mi hai aspettato tanto e adesso non ti lasci prendere????

Che mamma dispettosa….ma io ormai le voglio già tantissimo bene, e sono sicuro che anche lei me ne vorrà.

Ci prenderemo per mano, e ci aiuteremo sempre sempre.

☺☺☺☺☺☺☺☺☺☺☺

Staremo vicine nei momenti di gioia e nelle avversità, insieme per sempre, i nostri cuori si uniranno, il suo, più grande, prenderà tra le sue braccia il mio, e lo scalderà, fino a che non sarà abbastanza grande da poter battere da solo.

Ogni singolo battito, mio e della mamma, sarà all'unisono, questo significa avere una mamma!

Avere una mamma è il desiderio più grande di ogni cuoricino, e adesso tocca a me.

Da tanto tempo speravo che mamma ascoltasse la mia voce, voce di cuoricino, che può essere udita solo nel momento in cui il cuore di una mamma si fa così grande, che c'è spazio per due....

Poi finalmente...

sono arrivato,

lei mi ha sentito, e sono nel pancione della mia Mamy.

Adesso vi racconto un po' della mamma che ho scelto, e pescato dalla mia nuvoletta.

Mamy si mette sempre un grande maglione a righe con sopra un cagnolone, mi piace questo maglione, perché mi tiene al calduccio...vedete, mamma già sa cosa ci vuole per me.

Mamma è una ragazza moooolto carina, di 33 anni, con dei lunghi capelli lisci e neri , con la frangetta e ciglia folte, che circondano due grandissimi occhi castani.

Alta come 20 cuoricini almeno, è davvero graziosa, e il suo passo è sempre veloce.

E' quasi sempre allegra, infatti ha un sorriso bellissimo, ed una gioia che contagia sempre tutti...quando una mamma ride, tutti i cuoricini del cielo si riempiono di gioia, e sorridono e ballano anche loro; anche se ogni tanto si arrabbia, resta sempre bellissima; si mangia le unghie (che brutto vizio) e dice sempre che è troppo grassa, ma non è vero, per me lei è la mamma più bella del mondo.

Ha un buonissimo profumo, sa di rosa e di camelie, che poi sono i fiori che ama di più.

E' un'ostinata mangiatrice di liquirizia, che a me non piace, e di budino al cioccolato, che invece mi piace un sacco.

Ama tantissimo gli orologi, che colleziona da anni, e anche viaggiare, meta preferita, Londra, di cui parla sempre sempre.

Questa Londra deve essere una città bellissima, perché mamma ne è innamorata, e lei è molto intelligente, quindi io mi fido, W Londra.

L'altra sera stava raccontando di una ruota panoramica bellissima, dove è stata lo scorsa anno, e io so bene di cosa stesse parlando..

Era quel giorno, in cui lei era così in alto, e così vicina al cielo, che quasi riuscivamo a toccarci.

Lei guardava il panorama, ma io invece guardavo lei.

Era piena di gioia, forse perché eravamo così vicini, e i suoi occhi brillavano tutti.

Il suo sorriso era ancora più bello del solito, era davvero piena di entusiasmo!

Chissà se sarà così felice anche quando saprà di me, se arriverà, come quel giorno, a toccare quasi il cielo con un dito!

Mamma parla anche in inglese, è davvero brava ed io la ammiro moltissimo. Magari insegnerà anche a me tutte le cose che sa....

E' molto dolce, mangia infatti un sacco di zucchero filato, specie quello rosa gigante, ama i bambini, perciò sarà felicissima quando saprà che sono arrivato da lei.

Il motivo per cui ho scelto Lei, tra tante altre, è perché è un tipino molto particolare.

Intelligentissima, non perde però mai la sua vena ironica.

Poi le piacciono ancora i cartoni animati, come la Pimpa, che è tra i miei preferiti, e i Barbapapà, e piange quando li guarda se le puntate sono un pò tristi, ma poi si consola subito con dei pop-corn ricoperti di caramello, che prende da un bidoncino rosso.

La prima volta che l'ho vista, indossava un cappottino bianco, con delle righe nere, pare che il bianco sia uno dei suoi colori preferiti, e passeggiava a braccetto con un signore.

Erano nel centro di Milano, ed io sulla mia nuvoletta rosa li seguivo….mamma girava come un pazza per tutti i negozi, e il signore accanto a lei pagava e teneva poi un sacco di pacchetti e borsette.

Lui era sempre dolcissimo con lei, e non le diceva mai di no, e lei non mancava mai di ringraziarlo con un bacio grande.

Mamma bacia sempre tanto quel signore.

(poi scoprirò che lui diventerà il mio papà).

Sembravano davvero felici insieme!

Finito lo shopping, il Sig. papà la portava in un bellissimo bar per bere una cioccolata calda, che mamma ha ordinato con panna, cannella, rhum e un sacco di biscottini da inzuppare…mamma mia che golosa!

Il Sig. papà invece ha ordinato un tè….un tè?????

Ma con tutte le cose buone che si potevano ordinare…..

Io ho sbirciato dietro la spalla di mamma, ed ho visto che tra le altre cose, c'era una cioccolata alla nocciola.

sì, io avrei di sicuro scelto quella, non il tè.

Mamma abita in una grande città della Nazione Italia, che si chiama Milano-capitale-della-moda.

Sono sicuro che si chiama proprio così, perche mamma ha letto un cartello prima, che diceva così.

Mamma e il Sig. papà, sono davvero diversi, all'inizio mi sembravano una coppia male assortita, ma poi, seguendoli per un po', mi sono accorto di come lei, con la sua vivacità, rallegrasse il carattere introverso e chiuso di lui, e come lui la amasse e si prendesse cura di lei.

Lei e Lui, così diversi, ma che si completavano a vicenda.

Lei (mamma) era più pasticciona, mentre Lui sempre perfetto e serio.

Lei mora e lui biondo.

Lei occhi scuri e grandissimi, lui occhi azzurri azzurri.

Gli occhi di lui non erano tanto grandi, ma si illuminavano sempre quando guardava lei, ogni volta.

Lei vestita sempre con colori chiari, Lui sempre con colori scuri.

Difficile davvero dire come si siano incontrati ed innamorati…ma si amavano, questo era certo!

Mamma è davvero una chiacchierona, parlava sempre di un sacco di cose al Sig papà, e dava agli estranei una confidenza che al Sig. Papà scocciava, ma si vedeva che ce la metteva tutta per essere gentile e far piacere a Lei.

Tornati a casa, ed io dietro di loro con la mia nuvoletta, ho visto per la prima volta quella che sarebbe stata la mia casetta, nel caso avessi "pescato" questa mamma…

Infatti la macchina (grossissima) del Sig papà, entrava un'ora dopo in una casa con giardino, verde verde, e nel giardino c'era un ciliegio, tutto dipinto di rosa, come la mia nuvoletta, e sotto il ciliegio rosa una panchina, dove mamma si stava sedendo con il Sig. Papà.

La casa era grandissima, davvero bella e piena di luce, come quassù tra le nuvolette, e sembrava davvero già pronta per accogliere un cuoricino.

C'era perfino una cameretta azzurra, già tutta arredata…che bella!

Sì…qui ci sarei stato davvero bene! Sugli scaffali c'erano un sacco di peluches, era certo che fosse pensata per me…che amo tanto le cose morbidissime.

C'era un grande divano bianco, che come per magia si trasformava in lettone per dormire, nel caso mamma e il Sig. Papà avessero avuto degli ospiti, e poi c'era anche un bellissimo lampadario con 4

orsetti di colori diversi. Uno giallo, uno rosso, uno verde ed uno blu
(è il colore preferito del Sig. Papà).

Poi è successo…

 il meglio che potesse mai succedere…

Mamma, lasciata la panchina, raggiunse la cameretta, abbracciò un
delfino di peluche e disse:

" Come vorrei che tu fossi già qui con noi!".

Era certo, mamma Mi stava aspettando.

Da quel momento ho tenuto sempre il mio piccolo amo su lei, e l'ho
chiamata tanto, e poi lei mi ha sentito, ed ora staremo insieme per
sempre.

ΩΩΩΩΩΩΩΩΩΩΩΩΩΩΩΩΩΩΩΩΩΩ

<u>Il primo sorriso di M come Mamma</u>

Ogni 5 giorni mamma, che mi cerca da tanti mesi, chiama il Sig. Papà (che poi sarebbe il mio papà), per fare un certo test.

Deve essere un test importantissimo, perché mamma ne parla sempre prima di farlo, e non se lo dimentica mai.

Che test si fa ogni 5 giorni????

Comunque, il giorno del test di solito non è un bel giorno. Quando guardavo mamma dal cielo, il giorno del test lei era sempre triste, e piangeva un sacco, perché, diceva, il test era sempre negativo.

Che brutto quando mamma piange....lei diventa triste, si mette nel lettone della sua camera, accanto alla cameretta, e si copre con il piumone caldo con sopra i pescioloni, e tutto da quassù diventa grigio.

I colori con cui mamma e la sua allegria dipingono il mondo che io posso vedere, all'improvviso spariscono.

La luce che brilla sempre dentro i suoi occhi si spegne,e anche il Sig. Papà non riesce a consolarla.

Per fortuna la tristezza di mamma non dura mai più di quella sera, e il mattino dopo sta sempre meglio.

Io quella notte, la passo sempre accanto a lei, anche se lei non mi sente ancora, le sto vicino vicino, sotto il piumone, e la tengo al calduccio.

Mi poso vicino al suo cuore, e faccio del mio meglio per farle fare un bel sogno, e forse ci riesco, perché la mattina dopo lei sorride ancora, e tutto torna pieno di colori.

Come vorrei che una volta quel test fosse non negativo...chissà perché non smette mai di farlo, se la rende così triste.

Di certo ci sarà un motivo molto importante, perché anche il Sig. Papà non le dice mai di smettere, e la consola ogni volta.

Invece oggi, che mamma ha fatto il solito test ed è felicissima, piange sempre, ma in un modo diverso, dice che il test è positivo, e che una faccina sorridente è apparsa, con scritto 2-3 accanto.

Certo il test con risultato 2-3 deve essere straordinario, perchè mamma è davvero felice, canta e balla per tutta la casa, e da come si muove tutto qui …oddio…credo che stia saltando sul lettone!

☺☺☺☺☺!!!!!

Salta così forte che i pesciolini dipinti sule letto si muovono tutti, e lei va più in altro del quadro con sopra la rosa dipinta di bianco che sta sulla parete.

Quindi il test di mamma è positivo.

☺☺☺☺☺!!!!!

☺☺☺☺☺!!!!!

Mamma sta anche telefonando ai nonni per dire loro che il test è positivo.

Mamma parla velocissimo, non riesco ancora a capire tutto quello che dice…di solito parla molto bene, ma adesso dice un sacco di frasi "sconfusionate"….e ride e ride….

…..un dubbio mi assale…

Ma il test serviva per capire se ero arrivato? Si??????

Mamma...sì?????

Quindi sono io???

Sono io il positivo???

Sono 2-3???

Mi sa che sono io...

Sìììììììììììì!!!!!!!!!!!!Sono io!!!!!!!!!!!!

Ma allora mamma è davvero felice che io sia arrivato!

Sono stato fortunatissimo, sono appena arrivato e già mamma è felice, non è come avevo visto dall'alto, quando alcune mamma alla notizia del loro cuoricino rimanevano zitte zitte.....e tutti noi cuoricini restavamo con fiato sospeso in ascolto di quella mamma per capire se sarebbe stata felice o meno di ricevere il cuoricino che la aveva scelta.....qui non ci sono davvero dubbi!

Mamma è felice.

!!!!!

Quindi anch'io sono felice!

!!!!!

Io e mamma siamo felici, evviva!!!!

!!!!!

Adesso mamma sa che ci sono, quindi comincia la nostra storia.

Lei è la mia mamma.

!!!!!

Una mamma, diventa mamma da subito, non solo da quando un cuoricino nasce, ma da quando viene scelta, quindi è inequivocabilmente dovere di ogni mamma, prendersi cura del proprio cuoricino, dal primo giorno che sa di averlo dentro di sè.

Noi cuoricini infatti, dal primo istante, sentiamo tutto, ma proprio tutto quello che succede intorno alla mamma.

La prima cosa che sentiamo è il battito del suo cuore, che va più lento del nostro, e che ha un tono calmo e rassicurante.

Poi ci accorgiamo di tutto quello che mamma pensa, dei suoi stati d'animo...di quando è felice o triste. E di quando è arrabbiata con qualcuno.

Ma di certo preferiamo mamma quando è calma, oppure quando ride.

Quando mamma ride, il suo corpo si riscalda tutto, diventa bellissimo stare qui dentro, perché ogni momento è pervaso di gioia per la vita.

IL PRIMO SORRISO DI MAMMA PER ME!

Come potrebbe in fondo una mamma non sorridere????

Ha la vita dentro di sè, e questa è la cosa più bella del mondo.

Ogni cuoricino ha il diritto di essere amato, ed accolto con gioia, e dato che mamma sorride, e ride anche, certo io sono amato!

Mamma, da quando ha saputo di me, tiene sempre la mano sul pancino, e mi parla con dolcezza.

Adesso io e mamma ci conosceremo davvero!

Allora, mamma ha studiato economia, ma in realtà, il senso del risparmio non è che sia proprio innato in lei, e compera sempre un sacco di cose. Chissà se anche io riceverò delle cose belle come quelle che compera per se.

Quello che non ho mai capito, è perché compera tante cose, quando abbiamo giù un armadio pieno, ma di certo servono, perché mamma ogni mattina si piazza davanti all'armadio e dice che non ha nulla da mettersi, oppure che le cose che ha non si usano più.

Di recente continua anche a dire che le servono vestiti nuovi perché quelli che ha non le entrano più, e presto diventerà come una animale chiamato "balena"…io non ho mai visto una balena, ma di certo è un animale carino, perché mamma è carina…

Mentre ero nel suo pancione, che diventava sempre più grosso (mamma mangiava sempre), ho imparato a conoscerla…com'è romantica!!!!! Ama tantissimo il rosa e le feste.

Mano male che sono un cuoricinino rosa, quando lo saprà sarà felicissima!!!!

Le altre mamme dicono sempre, quando parlano con la mia, che per loro avere un cuoricino rosa, come me, o azzurro, come quello della amica di mamma, V., è lo stesso.

Io invece lo sapevo che mamma voleva davvero un cuoricino rosa!

Mamma ama tantissimo fare shopping, per lei e anche per me, da quando sono nel pancione, ed avrei di sicuro già ricevuto un sacco di cose bellissime, se non fosse per il Sig. Papà, che sa essere davvero un guastafeste e che continua a dire che è presto per fare spese per me.

E perché mai????

Guarda Papà che io sto qui dentro già da un pò…e lo sento quello che le dici, sai????

Tanto hai i giorni contati, quando sarò accanto a mamma, lei amerà me più di tutti, anche di te, ah ah!

 E allora la vedremo per chi comprerà le cose!

Pensate che ieri Mamy aveva visto una carrozzina rosa bellissima, voleva prenotarla, e lui, cattivissimo, le ha detto che non era il caso.

Non era il caso????

Ma ti sei mai chiesto se per caso ti sento????

Certo che ti sento, sono qui, QUI-I!!!!!!

In effetti accanto a Mamy c'è sempre questo Sig. Papà, che pare diventerà il mio papà…ma non sono nel suo pancione…lui la mattina presto parte per un luogo chiamato lavoro, dal quale pare che non si

possa mai assentare, per tornare poi la sera tardi, quando io e
Mamy stiamo già guardando insieme la tele…

Quando torna le da un bacio, ma io ancora non ho ricevuto, in tanti
giorni, nemmeno un bacetto.

Mamma invece, da qualche giorno resta con me a casa, mi fa tante
coccole con la mano, tenendola sulla sua pancia, dove ci sono io, e
mi parla dolcemente.

Io intanto me ne sto qui nel pancione e cresco…..

La mattina io e mamma ci prepariamo insieme, ci laviamo i denti con un dentifricio alla menta, che non mi piace molto…è amaro, e allora io mi muovo…mi faccio sentire sapete, e mamma mi dice:

Dai, buono Cuoricino, che mamma si deve preparare.

Poi, se mamma sta bene, andiamo dalla nonna (mamma della mamma), a fare un giretto.

Andiamo con la macchina di mamma, mi accorgo sempre quando siamo in macchina perché mi viene sempre un gran sonno…..che a volte è interrotto da mamma che dice delle parolacce alla gente.

Speriamo che la mia mamma non sia una maleducata…

Invece ogni mattina, di solito andiamo in un altro posto.

Partiamo sempre con la macchina, percorriamo poca strada, usciamo dal nostro cancellone, aspettiamo che si chiuda sempre bene bene, altrimenti il Sig. Papà sgrida Mamy, poi svoltiamo di qua e di là, ed arriviamo ad un semaforo, che mi piace perché ha tante belle lucine colorate di rosso e verde, e lampeggia tutto.

Mamma si ferma quando la luce è rossa, ed aspettiamo, e mentre aspettiamo è bello perché mamma canta e talvolta si mette il lucidalabbra trasparente, che la rende carinissima! Le sue labbra diventano tutte luccicosissime, e deve essere bellissima, perché quello della macchina di fronte la guarda dallo specchietto, è sì, è la mia mamma!!!!

Poi andiamo su una strada grandissima, dove le macchine vanno più veloci, e devono andare velocissime perché quasi tutti ci sorpassano, ma credo che mamma non voglia rischiare ad andare

più veloce di così, perché sa che ci sono io e mi vuole proteggere…
è così di sicuro!

Dopo pochi minuti, arriviamo in un posto grandissimo e grigio (che
tristezza), anche questo posto si chiama lavoro, come quello del Sig.
Papà.

Mamma parcheggia, passa un cartellino in un cancelletto, ed apre la
porta di vetro.

Mamma entra ed incontra tante persone, le saluta, ma non le bacia
come quelle che di solito incontriamo fuori, dice solo buona
giornata.

Passano i minuti e io mi nuovo, ma mamma ancora non mi sente.

Ieri sera era così felice di aver saputo di me, ma oggi non dice più
nulla, non ha detto a nessuno che sono arrivato, forse perché deve
aspettare il momento giusto…..

Io allora me ne sto qui tranquillo tra le righe del maglione con il
cane, al calduccio…e aspetto che mamma esca dal posto chiamato
lavoro, perché di certo appena saremo fuori lei parlerà ancora con
me…..

Arriva il pomeriggio, mamma è seduta da tanto, come fa a non
annoiarsi a stare tutto il giorno davanti ad uno schermo…

A metà giornata, andiamo a mangiare…finalmente, avevo davvero
un certo languorino, e mi devo nutrire perché sto sempre crescendo
io. Per pranzo andiamo in un altro edificio, e ci mettiamo in coda,
questo posto pare che si chiami mensa, tutti sono in coda in attesa
del loro turno per prendere quello che viene loro dato.

Mamma è sempre indecisa su cose prendere, e chiede consiglio ad una ragazza che sta con lei sempre, che si chiama C.

Lei deve essere davvero un esperta della mensa, perché aiuta sempre mamma a tenere il vassoio, le dice cosa c'è nel menù tra i tanti piatti da gustare, tiene il posto al tavolo a mamma, e quando hanno finito di mangiare le tiene sempre qualcosa, mentre mamma ripone il vassoio.
Meno male che abbiamo lei, perché mamma è un pò imbranata nel posto chiamato mensa.

Nel pomeriggio torniamo in ufficio, e mamma sta ancora un po seduta davanti al PC, poi va a bere il caffè, che non ci piace tanto, ma la aiuta a tenerla sveglia, ma mamma oggi dice a C. che il caffè non le va, e prende una cioccolata.

Mamma prendeva sempre il caffè, ma oggi la cioccolata, perché???

poi verso le 5 si alza e andiamo verso casa....

In pochi minuti, arriviamo da nonna, che mamma ama moltissimo, lo sento da come batte il suo cuore quando le sta vicino, e arriva anche il papà di mamma.

Anche nonna, come mamma, è davvero bellissima, ha dei grandi occhi, esattamente come quelli della mamma, e uno sguardo dolcissimo...si vede che ama tanto la mamma, perché la accoglie con un grandissimo abbraccio e un bacio.

È più bassa della mamma di almeno 4 cuoricini, ma è in formissima!

Invece il papà di mamma, quindi il nonno, ha gli occhi verdi chiari, belli, ma meno grandi di quelli di mamma e nonna, e anche lui è davvero felice.

Adesso mamma parla di me, dice che spera che sarò sano e bello, e che le piacerebbe che fossi un cuoricino rosa…

Mamma adesso è di nuovo felice, e sorride con i nonni, che sembrano così felici del mio arrivo, almeno quanto mamma e il Sig. Papà.

Mamma dice che è stanca, guarda poi un pò di tele, un sacco di tele a dire il vero, e quasi tutti programmi per ragazzi o cartoni animati, quindi io tendo l'orecchio e ascolto, dato che anche a me piacciono tanto i cartoni animati.

Mamma deve essere ancora un pò bambina,,, ma mi piace già tantissimo, è davvero come sembrava da lassù.

Dopo i cartoni arriva l'ora di cena, e il papà di mamma le cucina sempre delle cose buonissime da mangiare.

Poi mamma ed io, facciamo un altro riposino insieme, sul memory della nonna, mamma lo chiama così perché è fatto di un materiale morbidissimo, e noi ci stiamo davvero bene.

Ad un tratto squilla il telefono, e mamma risponde, è il Sig. Papà che torna dal posto chiamato lavoro, allora mamma si prepara e torniamo nella nostra casa grande con il ciliegio rosa.

Mamma stasera riceverà un regalo dal Sig. Papà.Il Sig. Papà fa un sacco di regali a mamma, e lei è sempre felice, ma stasera riceverà un regalo bellissimo, perché il Sig. Papà è felice che io sia arrivato.

☺☺☺☺☺!!!!☺☺☺☺☺!!!!☺☺☺☺☺!!!!!

Cuoricino Rosa o cuoricino azzurro

Oggi mamma è davvero nervosa...si è svegliata molto presto, perché non riusciva a dormire, ha preso la folina, che pare faccia molto bene anche a me, e poi si è fatta una bella tazzona di caffelatte.

Le piace tanto il caffelatte, con pochissimo caffè, tanto latte e tantissimo zucchero di canna, cioè quello marrone.

Il suo caffelatte, lo prende sempre sul divano della sala grande, caldo e fumante, in una tazza lilla con sopra disegnato un topolino.

Mamma sorseggia la sua tazza, e mi accarezza mettendo la mano sul suo pancione...che bello Mamy....

Dai fammi ancora tantissime coccole....

Poi accende la tele, e guardiamo alla tele il postino Patt, su rai yo-yo.

Ecco qua il postino Patt, e con lui c'è il suo gatto Jess……

Poi fa:

La mattina presto, quando spunta il giorno….ecco perché lo guardiamo la mattina presto, si vede che questo programma parla di cose che succedono la mattina presto.

Io comunque preferisco guardare il postino Patt la mattina con la mamma da soli, che il Telegiornale quando con noi c'è anche il Sig. Papà.

Il telegiornale non mi piace, dicono sempre delle cose brutte al TG, come che qualcuno è morto.

Al telegiornale muore sempre qualcuno, credo davvero che dovrebbero smettere di farlo, meglio il postino Patt, dove tutti vivono felici, e cantano.

Insomma dicevo che Mamy è nervosa, questo perché non dorme bene la notte, a causa delle nausee.

Queste nausee devono essere fastidiosissime, perché Mamy si lamenta sempre di loro, e dice che non vede l'ora che passino, ma poi tornano ogni sera.

Chissà se è colpa mia…

" Se siete colpa mia, vi prego passate subito nausee, io non voglio che Mamy stia male."

Poi mamma, sempre con la mano sul pancione mi chiede se sarò un cuoricino rosa, oppure azzurro.

Io, che sono un cuoricino rosa al cento per cento, non trovo però un modo di dirlo a Mamy, eppure lei sarebbe così felice di sapere che sono rosa.

Certo anche un cuoricino azzurro le sarebbe piaciuto, ma il rosa è decisamente meglio per lei.

Quello sulla nuvoletta accanto alla mia era un cuoricino azzurro, teneva sempre la sua canna da pesca sopra una mamma bionda, adesso che ci penso, speriamo che anche lui sia riuscito a pescare la mamma che aveva scelto, e che anche la sua mamma lo ami come la mia Mamy ama me.

Io invece, dicevo, sono rosa e carino, bello paffutello, proprio come vorrebbe mamma.

Lo diceva giusto ieri a nonna, parlando al telefono, di quanto le sarebbe piaciuto comperare per me una copertina rosa, ricamata a mano, ma non poteva prendere nulla prima di essere sicura del mio sesso.

ROOOOSSSSAAAA!!!!!

Mamy, ROSAAAAAAAAAAAAAAAAAAA!!!!

SONO ROOOOOOOOOOOOOOOOSAAAAAAAAAAAAAA!!!!

Sei felice????

Ma non mi senti???

Io ti sento sempre, tutto quello che ci dici, ed anche tutte le tue carezze, tu invece non mi senti mai.

L'altro giorno mamma è andata in farmacia, dove va spesso perche li c'è una signora gentile che ci da sempre delle cose quando andiamo, cose che si chiamano omeopatiche, ed ha comperato un dispositivo per sentirmi.

Si chiama tipo… " Macchina per il suono degli Angeli".

Pare che permetta alla mamme di sentire il loro cuoricino.

Praticamente si appoggia una parte di questo coso sul pancione, e l'altra parte all'orecchio, con delle cuffie.

Poi si sta zitti zitti e si ascolta.....

Cosa si sente Mamy????

Mamy????

TUM TUM TUM

TUM cosa???

Cos'è questo suono????

Non lo so, ma deve essere un suono bellissimo perché mamma piange, ma come dopo l'ultima visita, non come dopo il test negativo.

Poi sorride.

Vi ho già detto che mamma ha tanti sorrisi????

- C'è il sorriso del lavoro, quello piccolo e brutto, non le si vedono nemmeno tutti i denti.
- Poi c'è quello improvviso, che le viene quando è in casa, e per esempio guardiamo il postino Patt insieme, arriva e va via subito, vuol dire che mamma è serena.
- Poi c'è quello bello, quando vede i nonni, oppure saluta il papà, questo sorriso la illumina, e sembra che anche i suoi occhi ridano.
- E poi il mio preferito, quello per me, il sorriso-cuoricino, che mamma fa ogni volta che parla con papà di me.

E' il più bello di tutti, perché il suo cuore batte forte, lei si illumina tutta, come se scivolasse giù dall'arcobaleno come facevamo noi cuoricini in cielo…

È il sorriso di quando pensa alla sua infanzia, alla sua nonna, il sorriso di quando è davvero felicissima, e non le importa di nulla se non di essere felice.

Il sorriso che faceva da bambina, quando giocava nel cortile della nonna, e le campane della chiesa accanto suonavano, e lei saliva sul terzo gradino per vederle andare su e giù.

Quando mamma sorride così, lei non lo sa ma contagia anche me.

E quel sorriso mi resta così addosso, che sembra cucito, e nessuno lo potrà mai rubare, sarà mio per sempre.

Inoltre, questo è un avviso per tutte la mamme, sorridete sempre, perché il vostro sorriso rende sano e bello il vostro cuoricino.

Quello di oggi è un sorriso di quelli, quello vero!

Quindi mamma è felice davvero di sentire TUM TUM (che poi sarebbe il suono del mio cuoricino).

Mamma chiama subito il Sig. Papà, e anche lui ascolta…

TUM TUM.

Oddio…..mi sto emozionando, qui ascoltano tutti me….ecco, mi è venuto il singhiozzo dall'emozione!

E adesso mamma ride… no Mamy…dai…..è per l'emozione…..

Bello comunque questo dispositivo, che permette a mamma di sentire me come io sento lei, adesso i nostri cuori battono insieme, e li possiamo sentire entrambi.

Mamma passa delle serate intere ad ascoltarmi, ed io le racconto ogni sera una favola diversa, ma non so se lei mi può sentire....

Ieri sera le ho raccontato la suo favola preferita, quella della principessa cenerentola, che prima è povera e poi diventa una principessa davvero.

Dato che mamma ama tantissimo le principesse, di sicuro sarà felicissima nello scoprire che sono un CR, cioè un cuoricino rosa, e quindi mi potrà vestire come una principessa.

Ci vestiremo come due principessa uguali.

Poi prenderemo una carrozza, ma una vera, non fatta di zucca, ed andremo in giro insieme.

Quando racconto a mamma una storia, le appoggio sempre una manina sul cuore, per tenerglielo caldo caldo, dato che lei di sera ha sempre freddo.

Io la coccolo tanto, e spero che poi anche lei mi farà tante coccole.

ΩΩΩΩΩΩΩΩΩΩΩΩΩΩΩΩΩΩΩΩΩΩΩΩΩΩΩΩ

<u>La mia prima foto</u>

Ormai sono parecchi giorni che io e mamma siamo insieme.

Mamma ha rifatto il test ancora 3 volte, e tutte le volte ha riso tanto, sul test questa volta compariva sempre una bella faccina rosa

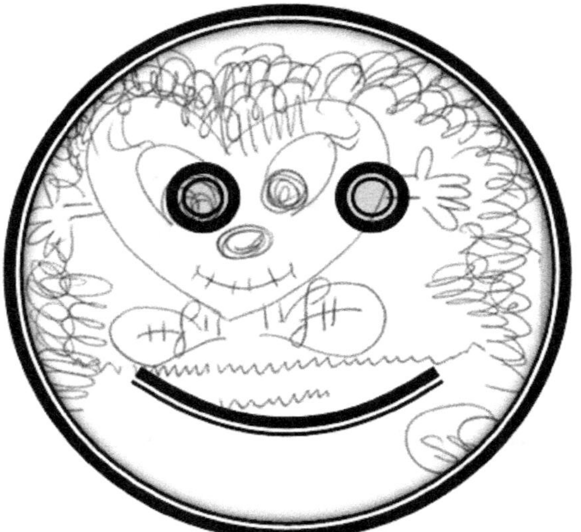

sorridente.

Chissà perché mamma fa ancora i test dato che io sono già arrivato?!?

Ma non importa, la cosa che conta è che mamma sia sempre felice, e che non pianga mai più sotto il piumone con i pesciolini.

Oggi siamo rimasti a casa dal posto chiamato lavoro, mamma si è riposata perché questo pomeriggio dobbiamo andare con il Sig. Papà a fare una cosa chiamata ecografia.

Ho sentito Mamy che spiegava a nonna che con questa ecografia, mamma potrà vedermi, come io vedo lei, cioè con gli occhi veri e non solo con quelli del cuore.

Infatti si tratta di una foto che una Dr.ssa farà a Mamy.

La mia prima foto!!!!!

Chissà se le piacerò, se verrà bene, se sarò abbastanza carino per piacerle, se mamma potrà vedere già che sono un bel cuoricino rosa e sano.

Eccoci arrivati nel posto ospedale, mamma ha scelto un ospedale a Milano, per farsi seguire da una Dr.ssa in tutte le foto che faremo da oggi in poi.

Entriamo, e sulle pareti ci sono degli arcobaleni, disegnati, ma sono davvero uguali a quelli che noi cuoricini usiamo per scivolare su nel cielo.

Poi prendiamo un certo ascensore, che a mamma non piace, e saliamo in alto, ma non in alto come in cielo.

Una volta arrivati in alto entriamo in una stanza, e mamma e papà (ormai lo chiamerò papà, perchè è certo che sarà lui) parlano con la Dr ssa.

Parlano di me, e mamma deve rispondere ad un sacco di domande, poi mamma si sdraia su un lettino, piccolo e bianco, e…

Oddio Mamy ma dove infila quel coso la Dr.ssa!!!!!

Ma siamo sicuri che si deve passare davvero da li per fare la foto???

Io ho visto mamma tante volte fare le foto, non si fa così, si deve solo fare un bel sorriso, mettersi in posa, e dire cheeseee!!!!

Va bè, io, comunque sia, mi metto in posa, bello fermo, e sorrido, come fa mamma quando fa le foto.

Un minuto……

Un altro minuto….

Poi la Dr.ssa dice: ecco…ci siamo…perfetto!

Perfetto????

Grazie! Di sicuro parla di me.

Dall'emozione il mio cuoricino batte fortissimo, ma mamma ancora non lo può sentire.

La dr.ssa parla di una certa casetta, non ho ben capito, forse sarà dove mi trovo io? E dice a mamma che sono un bel cuoricino sano.

Ehm…

Dr.ssa…sono un bel cuoricino ROSA sano…

Non lo dici alla mamma????

Non lo dici???

Mamma aspettava tanto si sapere se sarà un cuoricino rosa….

Poi mamma si riveste, e lei e papà escono dall'Ospedale.

Mamma è al settimo cielo, anche se non ha saputo che sono un cuoricino rosa.

Deve amarmi proprio tanto, perché in macchina, mentre torna a casa, chiama la nonna e piange ancora come quando il test era positivo.

Forse mamma è un troppo emotiva…

Oggi ho fatto la mia prima foto, e devo essere venuto benissimo perché mamma continua a guardare la stampa che la Dr.ssa le ha dato mentre usciva dallo studio.

☺☺☺☺☺☺☺☺☺☺☺

Ω Ω Ω Ω Ω Ω Ω Ω Ω Ω Ω Ω Ω Ω Ω Ω Ω Ω Ω Ω Ω Ω Ω Ω Ω Ω

<u>Ecografia Morfologica</u>

Ciao,

oggi vado con la mamma e il Papà, a fare la morfologica.

Questo esame che faremo ancora dalla Dr.ssa C, sarà ancora una foto mia.

Mi piace fare le foto.

La mamma oggi è tutta emozionata, spera che la Dr.ssa le dirà con certezza se sono un cuoricino rosa oppure uno azzurro, quindi io farò in modo di farmi vedere bene, mi metterò fermo, bello in posa, e con un bel sorriso, voglio così tanto che mamma sia felice!

Allora, ci sediamo davanti alla porta dello studio della Dr.ssa, poi lei esce e ci fa accomodare.

Mamma si sdraia sul lettino, e si alza la maglietta.

La pancia di mamma in queste settimane è diventata più rotonda, e anche le sue guance sono più rosa e più piene, è davvero morbidissima, quindi bellissima!!!

La Dr.ssa le appoggia una cosa chiamata ecografo sul pancione, e comincia a parlare.

Ehi…..non spingere….

Dice che sono bello e sano, poi dice a mamma che il cuoricino batte forte….

Lo credo bene, io sono così emozionato!!!!

Poi gira l'ecografo…e le chiede…vuole sapere il sesso?????

(se solo la piantasse di spingermi quel coso in faccia….)

SISISISISISI

☺☺☺☺☺!!!!!

SI SI SI

☺☺☺☺☺!!!!!

SI SI

☺☺☺☺☺!!!!!

Certo che lo vogliamo sapere, vero Mamy???

☺☺☺☺☺!!!!!

Mamma dice di sì,

e la Dr.ssa dice….

Allora, vediamo….

Vediamo se è girato bene…

☺☺☺☺☺!!!!!

SI SI, sono girato bene, diglielo dai, delle che ci vestiremo da principesse!!!!!

Ancora un attimo....

Eccolo qui, FEMMINUCCIA!!!!!

Mamma esclama un evviva così forte, che faccio un balzo nel suo pancione!

FEM-MI-NUC-CIA!

EVVAI!!!! ☺☺☺☺☺!!!!!

FEMMINA, FEMMINA , FEMMINA!!!!! ☺☺☺☺☺!!!!!

Mamma è al settimo cielo!!!! !!!!!

Eccolo, ecco il sorriso bellissimo, quello della gioia vera!
☺☺☺☺☺!!!!!

Anche il Sig Papà sorride…ma secondo me lui avrebbe preferito un cuoricino azzurro….

Comunque sembra felice, contagiato dall'entusiasmo di mamma.

La mamma è così felice, che anche la Dr.ssa C è felice!

Femmina, evvai, partiamo con il completino rosa…ti ricordi Mamy????

Ti ricordi che mi avevi promesso un bel regalo la sera che avremmo saputo di che colore ero????

Ma certo che si ricorderà, mamma non si dimentica mai nulla quando si tratta di me!

Poi la Dr.ssa chiede a mamma il permesso di proseguire con l'esame.

Allora, muove l'ecografo…ed io e mamma guardiamo sullo schermo che ci hanno messo davanti al naso.

Allora, cos è quel coso li….la Dr.ssa dice che è un piedino…un piedino????

Il mio piedino????

Ma che bello!

Non sembra così carino visto da qui dentro!!!!!

Invece è bellissimo!!!!

Mamma mia che bel piedino.

Quindi???

Tutto bene? A posto?

Pare di sì, e il piedino è andato.

Poi muove ancora l'ecografo.....

Ecco una manina, dice la Dr.ssa...stavolta l'emozione è troppa, e mamma piange....

Mamy, dai, non piangere, guarda che bella manina che ho, oddio, sono due...saranno solo due????

Pare che siamo due.

Due manine e due piedini, uguali a coppie.

Sono piccole, non come quelle grandi che il papà usa per scaldare mamma quando ha freddo, ma sono come le sue.

Poi la Dr.ssa mi guarda tutti gli organi interni (mi sento un pò osservato....)

Allora, reni ok, ci sono e sono due..mai dare nulla per scontato....

Due manine, due piedini.

Testina ok?????

Pare tutto bene anche li, ho due belle orecchiette, un nasino all'insù e una bella boccuccia rosa come una fragolina...in effetti queste ecografie a colori sono davvero bellissime!

Poi due gambine, lunghe uguali, un piccolo stomachino, e un bel sederino.

Mamma guarda con attenzione tutto, e anche la Dr.ssa guarda molto attentamente, vogliono essere sicure che io stia bene, ma io lo so che è tutto ok.

Qui tutto sotto controllo Mamy, vai tranquilla!!!!!

Mamma ha detto così tante volte che sono carina, che quasi quasi arrossisco, chissà se lei vede che le mie guanciotte si tingono di rosso!!!

Poi mamma e il Sig. Papà escono dallo studio insieme, e sono felici, vanno a prendere la macchina del Sig. Papà, ed escono dal parcheggio.

Mamma chiama subito nonna e nonno per dire loro che sono un cuoricino rosa...eh sì...un magnifico, strabiliante, fantastico cuoricino rosa!!!!

Anche i nonni speravano che io fossi una femminuccia, saranno felici!

Poi, scendono dalla macchina e si fermano a mangiare qualcosa in una città chiamata Milano, io conosco Milano perché guardavo sempre mamma dall'alto quando era a Milano, e vanno a cena insieme per festeggiare la bella notizia.

A mamma, io lo so, piacerebbe tanto mangiare il sushi, ma adesso pare che non lo possa più mangiare, e spero davvero che non sia colpa mia, quindi, dato che lei ha sempre una fame da lupo, papà decide di andare in un ristorante italiano nel centro, a mangiare un bel piatto di pasta fatta in casa, e poi una bella bistecca, che ha tanto ferro e fa bene alla mamma.

Quando escono dal ristorante, il Papà vorrebbe andare a casa per far riposare Mamy, ma lei si ricorda della promessa che mi aveva fatto.

Lei si ricorda sempre di me, e di quello che mi promette, anche se sono ancora dentro il suo pancione.

Quindi ci avviamo verso un bel negozio, e mamma trascina dentro il Papà per prendere un bel vestitino per me.

Adesso non è più presto. Adesso io sono una femminuccia, una bella femminuccia sana e forte, quindi posso ricevere un regalo.

Il primo regalo ufficialissimo per me.

Mamy guarda un sacco di cose con la commessa del negozio, una bella ragazza dai capelli rossi e ricci, e gli occhi grandi come quelli di Mamy, ma verdi come quelli del nonno.

Le consiglia delle cose, ma sembra che lei non sia mai soddisfatta.

Poi vede appeso un abitino rosa, di raso e tulle, è il più bello di tutto il negozio.

Mi prende quello!!!!! Mamy, grazie…davvero???

Mi prendi quello lì, quello bellissimo????

SIIIII, me lo prende.

La mia mamma mi ha preso il vestito rosa, quello più bello del negozio.

Poi chiede alla signorina con gli occhi verdi di farle un bel pacchettino rosa, con un grande fiocco, e le dice che la confezione deve essere perfetta, perché questo è un regalo per il suo tesoro.

Tesoro sono io.

Il pacchetto è bellissimo, e viene confezionato con molta cura.

La carta è rosa e sopra ci sono degli orsetti marroni piccoli, che tengono in mano dei palloncini rosa, tutto è rosa e meraviglioso.

Mamma esce dal negozio tutta soddisfatta, e io sono il cuoricino più felice del mondo.

Poi mamma vede la gelateria ….

Mamy…no…davvero, fa freddo….abbiamo il pancino pieno di pasta….

Il gelato no!

…

Ecco, stiamo mangiando il gelato, è freddo…ma devo dire che in fondo è buono, è un gusto chiamato madonnina, che fa una gelateria-bar artigianale sempre in centro, ci sono del cioccolato e delle uvette…in fondo forse Mamy aveva ragione il gelato ci stava, credo che mamma abbia sempre ragione, quindi io la ascolterò sempre. ☺☺☺☺☺!!!!!

ΩΩΩΩΩΩΩΩΩΩΩΩΩΩΩΩΩΩΩΩΩΩΩ

Visita dopo visita…e regalo dopo regalo, io e Mamy siamo arrivate insieme e Dicembre.

Questa stagione si chiama inverno, non piace mai a mamma, quando è inverno, tranne quando nevica…la neve le piace molto perché le ricorda il cortile della sua nonna, quando nevicava, e lei andava fuori con un cucchiaio e un bicchierino di plastica a prendere la neve fresca, poi nonna le dava il gusto fragola in sciroppo, e lei faceva la granita artigianale alla fragola.

Poi, dato che era allergica, le venivano tutti i puntini intorno alla bocca.

Mamma è allergica alla fragola, ma la fragola deve essere davvero una cosa buonissima, perché lei continua a mangiarla, anche se poi si riempie di puntini e si gratta per due giorni.

Poi la fragola è rossa, che è un bellissimo colore perché è quasi rosa, ma più intenso, ed è anche uno dei colori dell'arcobaleno; e poi la fragola è a forma di cuore.

Mamma adora quelle giganti, chiamati fragoloni, che si possono mordere direttamente dopo averle lavate sotto il getto d'acqua nel lavandino, per finire le fragole hanno un bellissimo gonnellino verde che le circonda, tutto intorno a loro, quindi è chiaro che le fragole sono tutte delle bellissime signorine, come me!

E poi hanno delle lentiggini nere su tutto il faccino, che si sviluppa tondo con sopra due guance colorite.

La fragola è davvero un bel frutto!

Quindi siamo a Dicembre.

E arriva il Natale.

Mamma dice sempre che il Natale è una delle poche cose che dà senso all'inverno, insieme alla neve e alle castagne arrosto calde prese per strada.

E i narcisi che spuntano a Gennaio nel giardino, bianchi e bellissimi.

Quello di Natale, dice lei, è un periodo magico.

È il giorno in cui pare che un vecchio ciccione, tale babbo Natale, (spero di aver capito giusto il nome), che ha un vestito rosso con del pellicciotto bianco e una barba bianca lunga lunga sale su una slitta, trainata da un sacco di renne, che vola in cielo.

In realtà, l'altro giorno stavamo guardando i cartoni insieme, io e Many, e lo abbiamo visto, anche se quel giorno guidava un tir tutto luccicoso, ma il tir volava anche lui.

Certo che dalla slitta con le renne al tir di lusso ha fatto un bel salto....

Pare quindi che questo Babbo Natale consegni gratuitamente dei regali a tutti i bambini del mondo.

Come questo possa accadere in una notte non ne ho idea…..

Il mondo è davvero grande, io lo vedevo bene da lassù, e ci sono davvero un sacco di bambini in tutto il mondo, e poi i bambini sono tutti diversi, come i cuoricini, ce ne sono di neri, gialli e rosa, rossi e bianchi….

Di sicuro i bambini neri chiedono degli occhiali da sole come regalo, o un cappellino, perché dove vivono loro c'è sempre il sole e fa un sacco di caldo, forse potrebbero anche chiedere un ventilatore;

invece quelli bianchi vivono al freddo, hanno gli occhi a mandorla, e vivono...non ci crederete mai...in una palla-casa fatta tutta di ghiaccio. ☺☺☺☺☺☺☺☺☺☺

Davvero, è una palla grandissima, dove vivono mamma papà e figli, tutti insieme nella casa ghiacciolo...chissà che freddo...

Se fossi in loro chiederei di sicuro una cappellino di pelliccia, quelli con dei pon-pon giganti ai lati, tutto morbido a caldo, oppure un cappottino rosso.

Quelli Gialli vivono più ad est, vicino ad un fiume, quindi se fossi in loro chiederei senza dubbio una canna da pesca.

Pare che dove vivono i bambini gialli ci sia un pesce che si chiama carpa, come ca. 200 cuoricini messi insieme, e tutti cercano sempre di pescarlo.

Quindi bambini diversi avranno anche desideri diversi no????

☺☺☺☺☺!!!!!

Insomma, tutti i bambini pare che possano scrivere una lettera, aiutati dalle loro mamme, a Babbo Natale,

Indirizzo per chi fosse interessato:

"Polo Nord, casa di Babbo Natale e dintorni, due svolte dopo il terzo albero alto a destra"

e lui poi porterebbe nella notte di Natale, a tutti, quello richiesto nelle letterine.

Se lo avessi saputo prima, avrei chiesto di essere portato nel cuore della mamma lo scorso anno, invece che stare ad aspettare ed osservarla dall'alto.

Ma nessuno mi aveva parlato di questa letterina.

Ma lo sapranno tutti tutti?????

Forse dovrebbero diffondere questa notizia al telegiornale, invece che parlare sempre di gente morta, se ci fossero notizie come queste, sono sicuro che tutti i bambini e le loro mamme potrebbero guardare il telegiornale.

Babbo natale quindi legge le letterine, <u>TUTTE</u>, e poi fabbrica i regali nella sua fabbrica al Polo Nord, stesso indirizzo delle letterina.

Chissà che fatica preparare tutti quei regali diversi...chiederò spiegazioni più precise alla mamma.

Quello che è certo è che io, già da ora, comincio a fare una bella lista di cose che vorrei, tipo stare con la mamma per sempre, così poi scrivo con la mamma una letterina di Natale, e tutti i miei desideri si avvereranno.

Poi, dopo che tutti i regali sono stati fatti e incartati bene, come ha fatto la commessa con i capelli rossi nel negozio del vestitino, vengono caricati sulla slitta, chissà se tutti saranno incartati di rosa, o anche di altri colori!

A me piacerebbe che fossero tutti incartati di rosa, e certo anche a mamma.

La slitta deve essere grandissima per contenere tutti i regali del mondo, e le renne davvero fortissime, e quanta strada fanno in una sola notte.

Chissà se si fermano per riposarsi, o se fanno una pausa per mangiare un pò di biscotti e latte.

Di certo il prossimo anno, io e mamma, se riceveremo un dono, lasceremo un sacco di biscotti e tanto latte caldo.

Metteremo sulla porta dei biscotti al cioccolato, quelli che mamma prepara ogni venerdì sera per la colazione del sabato, che sono giganti e buoni, tutti fatti con delle forme diverse.

Al Papà piacciono tanto i biscotti al cioccolato di mamma, quindi di sicuro piaceranno anche alle renne.

Forse dovremo lasciare qualcosa anche per Babbo Natale, ma non sono sicuro, perché lui sta seduto sulla slitta, quindi mi consulterò con mamma.

Dopo essere arrivati sulla casa di ogni bambino che ha spedito la letterina, Babbo Natale parcheggia la suo slitta sul tetto della casa, o nel giardino, e poi salta dentro il camino.

Noi siamo fortunati, perché il camino di casa nostra è grandissimo, quindi ci passerà bene anche se è un pò cicciotto.

Come farà dove i camini sono piccoli, questo davvero non lo so…tirerà dentro la pancia! (come il nonno quando deve allacciare i pantaloni).

Dicevo, salta nel camino e mette i pacchetti sotto l'albero di Natale.

L'albero di Natale, è il posto dove vengono messi i regali, ne sono certo, perché lo scorso anno, guardando dalla mia nuvoletta, ho visto anche papà mettere li un piccolo pacchetto d'oro per mamma.

Mamma evidentemente non ha fatto richiesta di un regalo a Babbo Natale, perché da loro non è passato, o comunque io non l'ho visto.

Anche mamma ha messo un pacchetto per papà, e poi tanti altri se ne sono aggiunti, fino a formare una montagna di pacchetti.

Un monte-regalo.

I pacchettini erano tutti colorati, di varie dimensioni, ce ne erano tantissimi, mamma deve ricevere tanti regali ogni anno.

Il Papà poi, nasconde sempre un pacchetto per mamma dentro la sua macchina, e quel pacchetto è l'ultimo che mamma apre, sempre!

Mamma adora spacchettare i regali, è di certo il suo sport preferito, e il Papà le prende un sacco di cose da scartare.

Chissà se il prossimo anno ci saranno dei pacchettini anche per me sotto l'albero…

Il nostro albero poi è bellissimo, Mamy lo decora tutto con delle palline luccicose, che a me piacciono tanto, e dei fiocchi rossi, e anche dei cioccolatini.

Nonna ogni volta che viene a trovare mamma prende un cioccolatino, così mamma li deve ricomperare e riappendere, ma sembra felice di farlo.

Quando sarò cresciuto faremo l'albero insieme, e metteremo le lucette.

Il Sig. Papà mette anche delle luci in giardino, sopra il nostro cancelletto e sopra il ciliegio, che d'inverno è marrone, non rosa come in primavera.

Di notte le lucine si accendono e splendono, delineando la forma dell'albero e della casa, il Sig. Papà le avrà messe per essere sicuro che le renne trovino la nostra casa a quindi l'ingresso del nostro camino, e poi sotto l'albero andranno messi i biscotti.

Arriva il giorno di Natale, mamma

Mamma è al settimo cielo, ma se lei sapesse davvero com'è il settimo cielo, dove stanno i cuoricini, sarebbe ancora più felice, e cerca di aprire i suoi pacchetti prima del tempo.

Ma il Sig. Papà ormai la conosce da molto tempo, e le tiene sempre da parte un regalo che le da la mattina appena sveglia, ancor prima di fare la colazione.

Il Sig. Papà, a differenza di mamma, a colazione beve il te, mamma invece che di solito beve il cappuccino, il giorno di Natale prepara la cioccolata calda con panna e cannella.

Uhhhhmmm…..☺☺☺☺☺!!!!!

Che buona…io che sono dentro il suo pancino me la godo tutta!!!!

E davvero cremosissima, e la cannella le dà un che di speziato che la rende:

spet-ta-co-la-re!!!!

Super spettacolare! Magari non sarà una colazione super sana, ma in fondo…è Natale no???? ☺☺☺☺☺!!!!!

E poi mamma, da quando ha saputo che dividiamo il suo pancione (e il suo cuore), mangia davvero un sacco, e dice sempre che lo fa per me, per farmi crescere forte, sano e bello…se non la smette nascerò fatto di marzapane….

Ma io adoro la cioccolata calda con la panna, quindi oggi sono contento di dividerla con mamma.

Dopo la colazione, mamma e il Sig. Papà telefonano ai nonni, per far loro gli auguri, anche se si vedranno tra poco, e poi mamma scrive un sacco di messaggi sul suo cellulare.

Il cellulare è un telefono come quello di casa, bianco, come quello di casa, ma più piccolo.

Mamma lo trascina ovunque, e spesso chiama le sua amiche per spettegolare e ride sempre.

Oggi però chiama tutti per far loro gli auguri di Natale, e riceve anche tanti messaggi, perché il cell squilla di continuo.

Io me ne sto qui zitto zitto ed aspetto che mamma torni un pò nel lettone e mi faccia un pò di coccole.

Stamattina, appena sveglia, ha messo una mano sul pancione e mi ha detto: tantissimi auguri tesoro mio!!!!

I primi auguri di Natale di mamma sono stati per me…è bello sentirsi sempre al primo posto!!!!!

Dopo la colazione e le telefonate, mamma ha finalmente il permesso del Sig. Papà di sedersi sul divano ed aprire i suoi pacchettini…ad ogni pacchetto mamma sembra sempre più felice.

Ma…

Attenzione fermi tutti!!!!

!!!!!

Qui c'è anche un pacchettino con scritto cuoricino!!!!

Mamy…mi hai fatto un regalo????

!!!!!

Lo apri tu per me per favore???? !!!!!

Mamma apre, e dentro c'è una bellissima copertina con sopra disegnati degli animaletti della trudy, una delle marche preferite di mamma. E la coperta deve essere bellissima!

!!!!!

Ci sono disegnate sopra una giraffa, un piccolo ippopotamo, ed una zebra.

Mamma dice che si abbina perfettamente al lettino che ha ordinato per me.

Quindi avrò anche un lettino????

Che bella sorpresa....mamma mi ha preso anche un lettino!!!!

Sarà uno di quelli che abbiamo visto insieme sui cataloghi l'altra settimana????

Di sicuro sarà bellissimo, io spero che sia quello bianco con la giraffa, quando arriverà, vedremo se io e mamma abbiamo gli stessi gusti.

Ok, scarto dei regali fatto, adesso mamma si deve preparare per andare a fare il pranzo di Natale dai nonni.

Prima però mamma si mette a letto un attimo, ha bisogno di riposarsi un pò dopo tutte queste emozioni!

Allora mette una mano sul pancione e mi coccola.

A me piace tanto, e metto il mio faccino sotto la sua mano, così è quasi come se mi facesse una carezza....ed io la sento tanto vicina, chissà se lei si accorge di me, se sa quanto già anche io le voglio bene, che la guardo sempre da qui sotto, e annuso il suo buonissimo odore, e ascolto con lei la musica quando la sera si mette le cuffie e si rilassa sulla poltrona....

È così bello stare sempre insieme, è bello essere in due, ti ho aspettato così tanto...

Bene, dopo la mia dose giornaliera di coccole, partiamo con la macchina per andare a pranzo.

Prima però dobbiamo andare fuori a controllare se sulla neve è rimasto il segno degli zoccoli delle renne.....vediamo, no, non c'è.....di certo la neve avrà coperto tutto!

!!!!!

Il pranzo di Natale è, a quanto pare, l'evento gastronomico più importante dell'anno.

La famiglia si riunisce tutta intorno al tavolo, e prima di tutto altri pacchettini vengono scambiati.

Certo che a Natale ci sono davvero tanti pacchettini!

Pensate che bello se dentro ogni pacchettino ci fosse, invece che un regalo, la speranza di una vita migliore per ogni cuoricino, certo il mondo sarebbe più bello.

Oppure ci fosse un pò di salute per i cuoricini che arrivano dalle loro mamme con un pò di acciacchi, che loro mamme curano con tanta fatica....

E un po' di speranza per quelle mamme, e un po' di compagnia per quando si sentono sole.

Oppure ci fosse un pò di cibo...per i cuoricini che abitano lontano da qui, e devono mangiare poco poco perché le loro mamme non hanno abbastanza pappa per tutti loro...

Chissà se Babbo Natale potrebbe confezionare dei pacchettini con dentro queste cose.

Forse potrebbe....ma nessuno quaggiù desidera queste cose da regalare agli altri abbastanza... (??)

Forse invece è perché è più facile fare un pacchettino con delle cose che devono essere fabbricate, invece che fare un pacchettino con cose che devono essere desiderate per gli altri....

Se tutti i pacchettini del mondo fossero desideri di bontà per i cuoricini, non ce ne sarebbero più affamati, o assetati o al freddo.

Forse nessun cuoricino piangerebbe più, mai più.

Nessun cuoricino sarebbe più solo.

I pacchettini vengono aperti, e ogni pacchettino porta comunque gioia alla nostra famiglia.

Adesso, si comincia a mangiare…uhmmmm…quante cose buone…ecco che arriva il patè…no…mamma questo non lo può mangiare…ecco il crudo…meglio di no mamma…

…insomma noi cosa mangiamo Mamy????

Mamy ed io mangiamo il prosciutto cotto, niente cose crude, e niente patè.

Meno male che almeno le lasagne ci sono concesse…qui sembra di essere in regime carcerario!!!!!

Ma credo che Mamy stia rinunciano a molte cose buone che le piacerebbe mangiare, per essere sicura che tutto faccia bene anche a me.

Oddio…a fine pasto ci sarebbero i boeri….

Quelli buonissimi di cui Mamy parla sempre a nonna…

NNNNNNNNNNOOOOOOOOO!!!!!!!!!!

Non possiamo mangiare neppure quelli?

Mamy ti prometto che appena nato ti porterò dei boero buonissimi, grazie che rinunci per me!

Dai, mangiamo un bel tronchetto di Natale, è al cioccolato farcito di crema buonissima, e possiamo chiederne una seconda fetta, se vuoi, perché ci spetta una fetta a testa, noi siamo in due ed io cedo la mia a te, volentierissimo!!!!

Il pranzo procede, per ore, e tutti chiacchierano per molto tempo.

Mamma parla di me e racconta a tutti di quando abbiamo fatto l'ecografia morfologica.

Tutti sembrano pendere dalle sue labbra, e mamma racconta con gioia ogni particolare.

Poi si fa tardi, mamma ed io siamo stanche, e il Sig. Papà ci accompagna a casa, dove ci aspetta una bella dormita!

Grazie mamma per questo bellissimo giorno di Natale, il nostro primissimo Natale insieme!

È stato bello festeggiare, e sapere che tu sapevi che c'ero anch'io...e quanta cura hai avuto di me oggi....

Ti voglio così bene, come nessun cuoricino ha mai voluto alla proprio mamma.

Natale è già passato, ed io so che questa sera tu ti sentirai un po' triste, come ogni sera di Natale da quando la tua nonna non c'è più!

Sei triste perché il Natale lo passavate insieme, e poi anche il G. dopo, che è il giorno del tuo onomastico, mangiavate e giocavate a carte di pomeriggio,e la sera tu e il nonno la accompagnavate a casa in macchina, lei apriva l'uscio della sua casetta, accendeva la luce verde della cucina e vi offriva un bel caffè con la vecchia caffettiera, quella che fischiava, che tu bevevi sempre volentieri, e poi tornavi a casa.

Adesso lei non è più con te, ma io, che in cielo ci sono stato, ti assicuro che ti vede, e veglia sempre su di te, come fanno tutte le nonne in cielo con i loro nipotini, ed è felice e serena, e anche tu le manchi tanto il giorno di Natale.

Domani sarà il tuo onomastico, staremo ancora insieme ai nonni, e poi adesso ci sono io, e non sarai mai più sola perché io sarò sempre con te.

Domani il Sig. Papà certo ti farà un bel regalo di onomastico, e anche i nonni si ricorderanno, e riceverai gli auguri, mangeremo e di pomeriggio ci sarà il pandoro, poi giocheremo a carte tutti insieme e tu sarai di nuovo felice.

Il prossimo anno ti faro anch'io gli auguri, mamma!!!!!

Ω Ω Ω Ω Ω Ω Ω Ω Ω Ω Ω Ω Ω Ω Ω Ω Ω Ω Ω Ω Ω Ω Ω Ω

<u>Gravidanza al termine,,,ho come l'impressione che Mamy mi voglia cacciare fuori dal suo pancione…</u>

I mesi sono passati, ed è arrivata la primavera.

Il ciliegio si è tinto di rosa, i suoi fiori sono sbocciati uno dopo l'altro fino a formare una grossa nuvola.

Nella via tutti i giardini hanno preso colore, ci sono i ciliegi bianchi e rosa, come il nostro, le ortensie rosa e azzurre, e tanti fiori gialli e

tulipani.

È meraviglioso, e mamma in primavera è sempre di buon umore.

Sarà perché il cielo è sempre azzurro, c'è più luce, ci sono i papaveri nei campi di grano, i papaveri tutti insieme visti da lontano, formano un oceano rosso ondeggiante, sono così belli che sembrano galleggiare sull'erba, e ballare come mille ballerine vestite con abito rosso di tulle.

Un can-can di ballerine rosse, che ballano in cerchio tra loro.

Tutti gli altri fiori del prato, fanno da spettatori, e con il vento si muovono verso i papaveri, come per fare un grande applauso.

Mamma stamattina canta, è felice, anche perché la sua schiena, che le dava un pò di problemi, comincia ad andare meglio.

Siamo quasi arrivati al termine della nostra gravidanza, siamo stati sempre insieme in questi mesi ed io le voglio ancora più bene, adesso che la conosco così da vicino.

La scorsa sera però, ho sentito una frase che mi ha messo un pò in allarme.....

Il Sig. Papà aveva portato mamma a fare una gita sul lago di Como, il Lario, che secondo il Sig. Papà è il lago più bello del mondo.

Lui è davvero innamorato di questo posto, che è bello, perché il lago è grande quasi quanto il mare che vedevo dall'alto in cielo, ma più calmo, e ci sono tanti gabbiani, e tanti battelli e traghetti che solcano la sua superficie.

In effetti quando mamma mi porta al lago, io faccio sempre un sacco di capriole nel suo pancione, perché l'aria è pulita e frizzante, e poi mamma al lago mangia sempre il gelato, e quindi lo mangio anche io, e mi piace tantissimo il gelato in primavera, nei suoi gusti alla frutta!

Ma credo che al Sig. Papà questo posto gli piaccia tanto perché per lui è il posto casa.

Il posto casa, è quel posto che ha un angolo speciale nel tuo cuore.

E quel posto dove vorresti sempre stare, dove vuoi andare ogni volta che sei triste, e che vuoi condividere con le persone che ami di più, come mamma.

E adesso anche con me, perché oggi ha chiesto a mamma se ANDAVAMO con lui al lago, quindi anche io oggi sono stato ufficialmente invitato….

Quando era bambino il papà, che orami conosco abbastanza per poter chiamare così, senza sembrare maleducato, veniva sempre qui con i suoi nonni, nella loro casa sul lago a Bellagio, o giù di lì.

Bellagio si trova sulla punta del lago, viene chiamato la Perla, come il ciondolo che mamma porta al collo, quindi deve essere un posto bellissimo, perché il ciondolo di mamma è bellissimo, e dicevo che lui passava qui con i suoi nonni 3 mesi all'anno, quindi per lui i lago è come per mamma il cortile della sua nonna, cioè il posto più bello del mondo.

Questo mi insegna che sono le persone che fanno i posti, ed i ricordi, ed ognuno di noi può vedere lo stesso posto in mille modi diversi, ma il modo più bello di vedere un posto, quello che davvero lo rende speciale, è quello di guardarlo con gli occhi del cuore.

Il cuore vede le cose in modo diverso dagli occhi, vede in modo più profondo, vede le persone che talvolta incontriamo per strada e non vediamo con gli occhi, perché siamo troppo presi dalle nostre cose per accorgerci di loro.

Invece al cuore non sfugge mai nulla, ma talvolta noi non vogliamo accogliere quello che lui ci suggerisce.

Mentre passeggiavano lungo la sponde del lago, mamma ha detto a papà che era un po' stanca, e che avrebbe voluto che io fossi già fuori dal pancione.

Ma come già fuori dal pancione???

Mamy???

Mi stai cacciando via?

Mamy?

No dai, non dovevamo stare insieme per sempre? Non ero il tuo tesoro????

Cosa sta succedendo???

Sei già stanca di me?

A me invece piace così tanto stare dentro di te, respirare insieme, mangiare le stesse cose che mangi tu, come la cioccolata la mattina, bere insieme il succo quando fa caldo e ti scende la pressione, e dormire di lato sul lettone la sera.

Sono solo passati pochi mesi, e già sono un peso????

Certo…sono cresciuto un pò, e in effetti qui dentro prima c'era tanto spazio, potevo ballare e fare le capriole, adesso invece sto stretto, ma è comunque una bella sensazione stare dentro mamma.

Certo mi accorgo che lei fa un po' fatica a fare le scale, quando sale le sera per andare nel lettone, e quando ci facciamo la doccia, il pancione è così grande che Mamy fa fatica a piegarsi, insapona bene il pancione, e mi fa il solletico, con la sua spugna naturale rosa, e poi passa le gambe solo con il doccino.

Le gambe di mamma sono diventate più grandi, forse perché devono reggere anche me.

Oh……

Forse sono diventato troppo grande???? ☹☹☹☹☹

Devo assolutamente smettere di crescere, altrimenti mamma sarà sempre più stanca, e mi manderà via.

Io adesso mi rannicchio, e cerco di farmi piccino piccino, per aiutare mamma.

Cercherò anche di farmi leggero quando Mamy sale le scale, così il suo respiro sarà più rilassato, e non dovrà fermarsi a metà scala come ieri.

Mamma deve essere davvero generosa, perché mi accorgo che è sempre tanto stanca, ma mi porta lo stesso sempre con lei, anche al lago come oggi, e anche a fare la spesa al super, che mi piace tanto perché posso vedere tante cose e tante persone.

Anche mamma devi amarmi già tanto, almeno quanto io amo lei.

Per questo vorrei che non dovessimo lasciarci mai, ma lei invece dice già da un po' di giorni che il termine si avvicina, e con questo caldo non ce la fa più….

Ci deve essere certo una spiegazione, come mai lei desidera che io esca dal suo pancione, ed io invece voglio restare?

Non dovremmo desiderare le stesse cose? Come stare insieme per sempre?

Non era questo il piano iniziale?

Allora io mi sono mosso, e mamma ha capito che qualcosa non andava. Allora ha messo la mano sul pancione e mi ha detto: Non preoccuparti tesoro, sei solo un po' pesante, quando sarai uscito, staremo sempre vicini, io ti terrò tra le mie braccia, e ti ricoprirò di baci.

…come non detto.

Ho capito, questo significa che sono diventato troppo grande e pesante per restare qui dentro, ma che anche quando sarò uscito, non so ancora come, ma io e Mamy staremo ancora insieme.

Siamo nel mese di Giugno. Giugno è il mese in cui è nata mamma, e anche il nonno.

Giugno è anche il mese in cui pare che nascerò io.

Archiviato il misunderstanding per cui credevo che Mamy mi volesse sbattere fuori dal suo pancione, mi avvicino al giorno della DPP con più serenità.

La DPP, ve lo spiego perché io non avevo capito cos'era e magari neanche voi, sarebbe la Data Presunta Parto.

La DPP è il giorno in cui io uscirò dal pancione della mamma, finalmente lei mi vedrà senza bisogno della macchina per fare le foto a colori o in bianco e nero.

Dalla DPP inizierà la mia vita fuori da Mamy ma sempre vicino vicino a lei.

La DPP di Mamy è il 10 Giugno, pare che nascerò il 10 giugno.

Mamy l'altro giorno, è andata in un negozio specializzato per bambini, ed ha comperato un grossissimo fiocco rosa, certo Mamy deve amarmi moltissimo, perché il fiocco rosa è veramente gigante…..forse lo vedranno anche i miei amici cuoricini, che sono ancora in cielo.

Si Si…

Vedranno il fiocco rosa e diranno:

Guarda cuoricino rosa com'è fortunato, la sua Mamy lo ama così tanto che ha comperato un fiocco così grande che si vede da tutto il mondo!!!!

Il fiocco è rosa e bianco, e in centro c'è un pony di peluche imbottito, con una bella coda ed un musetto simpatico, è tutto bordato di pizzo e merletti. A riconferma che mamma non è una fan dello stile sobrio.

Chissà dove lo metterà Mamy…è così bello, ma per ora è chiuso in un armadio, anche se mamma lo mostra a tutte le amiche che vanno a trovarla.

.

A proposito di amiche, l'altro giorno è venuta da mamma una sua cara amica di infanzia, V, e mamma e lei hanno parlato tanto di me, e poi fatto un test divertentissimo.

Adesso vi racconto:

In pratica in questo test, bisogna leggere delle frasi e sceglierne una tra quelle proposte, e poi, alla fine, si contano tutte le risposte date, e si sceglie un'opzione tra A,B o C, a seconda di quello che viene fuori, si rientra nel profilo A B o C.

Mamma e V iniziano il test, e siccome è divertertissimo ascoltare Mamy quando fa i test, e sentire la sua voce piena di gioia o quando ride, io adesso provo a farlo con loro.

Vado????

Vado!

☺☺☺!!! ☺☺☺!!! ☺☺☺!!!

<u>*Domanda nr 1.) mamma legge ad alta voce*</u>

Se fossi un gioiello saresti:

- una collana

- degli orecchini di diamanti

- un orologio d'oro

Mamme sceglie, non senza difficoltà Un orologio.

Pare che ci sia un orologio chiamato Longines, che a mamma piace tanto.

Forse è quello in oro bianco e rosa con i brillantini tutti intorno che indossa sempre, è bellissimo e romantico come lei.

Forse mamma potrebbe anche essere un perla, ma bella grossa, forse come il fiocco che ha scelto per me…una mega-perla.

Ok, prima risposta data, io invece avrei scelto di essere un paio di orecchini, per stare sempre vicino al viso di Mamy, che è bellissimo, e per sentire sempre il suo meraviglioso odore, dato che durante la morfologica ho imparato che dopo le orecchie ci sono il mento, e subito dopo il collo.

Domanda nr 2

Se fossi una torta saresti:

- *una crostata*
- *una torta al cioccolato*
- *una alla panna*

Direi che mamma sceglierà di sicuro la torta al cioccolato....sono quasi sicuro perché mamma è golosissima di cioccolato, specialmente quello al cioccolato con le nocciole, le ho visto mangiare tantissimo cioccolato, e poi giurare davanti al ginecologo

" di non avere idea di come il suo peso fosse cresciuto così tanto nell'ultimo mese...."

Poi la sua torta preferita in assoluto è la Sacher torte, quella che fanno a Vienna in Paese Lontano chiamato Austria, dove lei e papà andavano sempre in vacanza, anche l'estate prima che arrivassi io.

Però so che le piace la Sacher originale, gliel'ho sentito dire un milione di volte….la Sacher torte si fa con la marmellata di prugne, NON con quella di albicocche!

Quindi io e mamma sceglieremo cioccolato.

!!!!!

E invece....

NOOOOOOO!!!!!!!!

Mamma non ha scelto la torta al cioccolato...ma quella alla panna.....CHIAMATE UN AMBULANZA!!!!!

È CHIARO CHE MAMMA NON STA BENE!!!!

PRESTO!!!!!

Invece mamma stà davvero bene, si vede che oggi non le va il cioccolato….forse ne abbiamo mangiato così tanto che ora non le va più…speriamo che sia una cosa passeggera perché a me piace tanto!

!!!!!!!!!!!!!!!!

Ho capito!!!!! !!!

Certo mamma ha pensato alla torta shantilly della sua pasticceria preferita, dove il nonno le fa fare sempre quella torta buona buona, con tutti i biscottini intorno, chiamate lingue di gatto, o di cane, non mi ricordo, ma quello che mi ricordo è che mamma le adora, e mangia anche i biscottini che spetterebbero alle fette degli altri….

ALLARME RIENTRATO, LA MAMY STA BENE!

Quindi la nostra risposta è: torta con la panna Chantilly, con intorno i biscottini.

Domanda nr 3

Se fossi un fiore saresti:

- una rosa gialla

- un giglio

- una ortensia

Questa risposta è facilissima, perché mamma ama tantissimo le rose, e anche se di certo non comprerebbe mai rose gialle, ma bianche per lei e rosa confetto per me, al massimo arancio, direi che la nostra risposta è rosa.

Mamma ama tantissimo ricevere rose bianche, è papa ne ha mandato un mazzo gigante quando ha saputo di me, e mamma è stata davvero felice.

Poi, se conosco un pò mamma ormai, direi che le ortensie, non le considererebbe nemmeno un fiore da mazzo, ma da giardino.

…a me invece piacciono, noi accanto al ciliegio, me abbiamo una azzurra bellissima!

Ha dei pon-pon che si muovono sotto la carezza del vento, ed oscillano, come i papaveri, ma più lentamente, e poi ricordano le nuvolette in cielo.

A volta mamma, che si siede sulla panchina per respirare un po' di arietta fresca, ne tocca uno con di dito, e lui oscilla, leggero e soave nell'aria.

Il giglio non l'ho mai visto, quindi preferisco non esprimere nessun parere, mi pare però che sia il preferito di Zia V, quindi il giglio verrà sicuramente scelto, così con me che prendo l'ortensia, nessuno resterà solo.

Tutti i fiori sono stati scelti, ed io sono felice, perché tutti vorrebbero essere scelti, ma alcuni, come me per esempio, sono più fortunati di altri, e vengono scelti prima….

!!!!!

Ok andiamo avanti...

Domanda nr 4

Se fossi un colore saresti:

- Verde

- Blu

- Rosa

Mamma ha scelto il rosa, ovviamente!

Perché è il mio colore preferito, e anche il suo.

Come si potrebbe, del resto non scegliere il rosa????

Ormai tutta la casa, ed anche la mia cameretta, sono tappezzate di cose rosa, rosa da femminuccia.

Fine del test.

Mamma e zia V contano le loro risposte, pare che mamma sia un'orsa….

Non mi pare che mamma sia come un'orsa….

L'altro giorno abbiamo visto insieme un documentario, perché mamma non ce la faceva a passeggiare, troppo caldo, e su raiuno un certo Sig. Piero, illustrava gli animali del bosco…tra cui l'orso bruno.

Ok mamma ha i capelli bruni, questo lo concedo, ma non somiglia affatto ad un orso.

Ma siamo matti????

Lei è una mamma bellissima, e dolce, certo mangia tanto miele, come diceva il Sig. Piero, e si gratta spesso la schiena….

…oddio….non sarà mica un orso la mia mamma…..

Poi zia V legge e tutto si fa chiaro.

Pare che Orsa, sia solo una tipologia di mamma, che significa, a sentire il risultato del test, essere molto calda ed amorevole (giusto, perché mamma è molto amorevole), e premurosa…anche questo è vero.

Quindi sono super fortunato, ad avere una mamma-tipo-orsa.

Pensa si mi fosse capitata una mamma-delfino, come quello del risultato della zia V.

La mamma delfino, pur essendo legata al proprio bambino, tende all'autonomia…..già qui non mi piace….io voglio accozzarmi alla mia Mamy.

È vero che dovrò uscire…ma questo non significa che debba starle lontano.

E poi dove potrei mai andare????

Io conosco solo lei…la mia mamma!!!!

Mamma-orsa! ☺!

Mamma delfino. ☹

Ma il vero test divertente, che mi ha fatto davvero ridere con mamma, è stato quello seguente, in cui mamma e zia V. mettevano alla prova le loro capacità di guida.

Ora…mamma non è mai stata un pilota da formulo Uno, ha avuto per anni una piccola macchinetta di colore del cielo, la STEFY-ONE, ae per tutti Stefyna, che la portava dal lavoro a casa e vice versa.

La Stefyna per Mamy era un amica, più che un vero mezzo di trasporto,e mamma la amava moltissimo.

Andavano in giro insieme per la cittadina di Nerviano, dove mamma è nata ed ha abitato quasi per tutta la sua vita, e con la radio alta cantavano insieme.

Non si erano mai allontanate troppo da casa, perché la Stefyna non aveva nemmeno il navigatore, e per quanto ami mamma, non so se mi fiderei ad andare solo in giro con lei su una strada che non conosce….

Mamma in macchina è davvero un disastro insomma!

Poi sono arrivata io, e papà le ha regalato una macchina nuova (a cui mamma vuole bene, ma non come alla STEFY-ONE), che è più grande e grigia, come il cielo quando è coperto dalle nuvole...forse è per questo che le piace meno, mamma ama il cielo sereno.

Comunque, iniziano il test...vediamo se anche qui riesco ad indovinare cosa risponderà mamma.

!!!!!

Test, Automobile che passione, mamma al volante!

1. ***Potresti elencare almeno quattro colori che in questo momento vanno di moda per le carrozzerie?***
   a) grigio-blu-nero-viola
   b) grigio-verde-bianco-rosso
   c) grigio-verde-bianco-giallo

Risposte come il test di sopra, in pratica tu scegli un'opzione, e poi ti dicono che tipo di mamma al volante sei...prevedo un disastro su tutta la linea con mamma....

Vediamo se zia V ci sa un pò indirizzare.....☺☺☺☺☺!!!!!

Allora, mamma non sceglierebbe mai la prima, troppo grigiume, le piace di certo il bianco e il rosso, non sono sicuro del viola.....quindi direi la B, decisamente B.

Anche se mamma comprerebbe una macchina solo del colore rosa, azzurro, violetto o al massimo verdino-chiaro quasi giallino.

Beh…domanda stilistica e non di funzionalità, qui mamma ce la può fare.

Infatti mamma sceglie la B. Andiamo con la prossima.

!!!!!

2. Mettiamo che tu debba parcheggiare dal ginecologo, visita importante, ritardo pazzesco….pipì a manetta, hai trovato un posto libero un po' sbilenco: ti arrendi o parcheggi lo stesso?

a) No, vado avanti a cercare, mi scappa la pipì e non potrei mai scendere in così poco spazio
b) è una fortuna, la metto storta, cosi non devo fare manovra, guadagno tempo, e faccio pipì prima di farmi puntare l'ecografo gelato sul pancione
c) Sì, parcheggio, poi per tutto il tempo penso: ottimo parcheggio!

Mamma risponde B, come pensavo.

Davanti alla pipì mamma non ha davvero ritegno.

Pare poi, che da quando io sia nel suo pancione, lei debba correre al bagno ogni 15 minuti, e tra casa nostra e il ginecologo ci sono 30 minuti…di certo mamma sarebbe in condizioni pietose, quindi le giustifico il parcheggio azzardato.

Ma non ci sono dei posti mamma?????

Certo che ci sono, ma sono sempre occupati.

Ne abbiamo trovato libero solo uno fino ad ora, dipinto di rosa…
mamma stava impazzendo. C'era sopra la sagoma di una mamma
con il pancione/mamma con la carrozzina, eravamo all'autosilo,
mamma ha parcheggiato… lo stesso un pò storta, ma comunque
meglio del solito….

2. ***Ti capita di ritrovare, dietro un sedile, una ricevuta, un
libro, un paio di guanti che credevi di avere perso?***
   a) Ogni giorno, più cose
   *b) Sì, quando salgo in macchina mi sembra di partecipare a
   una caccia al tesoro*
   c) No, mai

Direi che qui sono un pò indeciso tra la B eA.

?????

Insomma, ogni volta che mamma sale in macchina ci mettiamo un
po' a partire…..mamma cerca le chiavi al piano terra….poi
saliamo…scendiamo di nuovo…risaliamo….mamma fruga ancora
nella borsa…ECCOLE! Le chiavi!

La chiave della macchina è un oggetto difficilissimo da trovare.

Deve essere dotato di grande astuzia, e certo di gambe, perché
mamma non le trova mai.

Le perfide si nascondono sempre in posti difficilissimi da trovare,
tipo il frigo, il bagno, la borse di mamma, quella dell'altro colore che

non stiamo usando, tra le mie pappe e udite...una volta mamma le ha trovate tra i pannolini.

Ma dico, non potrebbero aspettare mamma sempre nello stesso posto????

Cosa credono, che mamma abbia tempo da perdere a cercarle in continuazione????

Quindi, alla luce di quanto osservato, direi di rispondere B. caccia al tesoro!!!!

Io tante volte mi diverto, ma mamma no, e capita anche, che trovate le chiavi, sparisca qualche altra cosa che a mamma serve, come i guanti o la borsa!!!!!!

Un giorno mamma, mentre cercava le chiavi, ha perso di vista per un attimo un oggetto chiamato mascara.

Deve essere, questo mascara, un oggetto importantissimo, perché ha fatto due volte un piano per trovarlo.

Ma siamo matti???? Mamma è stanca, cosa vi nascondete a fare???? ☺☺☺☺☺!!!!!

Passiamo oltre.

3. Passi davanti a una scuola guida c'è un ragazzo che sostiene l'esame di pratica, terrorizzato. Che cosa ti ricorda?
a) terrore e panico
b) pianti disperati
c) nulla, mi piace guidare.

Direi che qui entriamo nel personale…mano male che sono sempre
con mamma quando guida…comunque sto con lei da abbastanza
tempo per sapere che per lei l'esame della patente è stato un vero e
proprio trauma….

Quindi A, confermato, terrore e panico!

Sono quasi sicuro che mamma sia ancora terrorizzata dal suo
istruttore di allora, che ancora oggi eviti di passare davanti alla
scuola guida dove ha sostenuto l'esame.

In realtà non è mai stata bocciata, ma dopo 200 guide ci sarebbe
anche mancato… Mamma dice sempre a zia V che se avesse
comperato la patente, certo le sarebbe costato meno che pagare
tutto le mezz'ore di guida con istruttore.

**4.Ti succede di dimenticare che stai guidando, cioè sei al
volante e ti rendi conto che non stai pensando alla guida ma ai
fatti tuoi?**

a) Non credo che mi sia mai successo
b) A volte, quando sono sovrappensiero
c) Sempre o molto spesso

Mamma risponde C, ed io non potrei essere più d'accordo, insomma
Mamy, in auto devi stare più attenta.

Mamma invece, porta con se una piccola trousse la mattina, quando
sale in macchina, parte e comincia a frugare nella borsa….

Mette il mascara...oddio sta anche chiudendo un occhio....poi il lucidalabbra, e ad ogni semaforo rosso si rifà un pezzo di trucco.

Il tutto mentre canta le canzoni della radio.

Speriamo che sarà un pò più concentrata quando arriverò io.....

In ogni caso, ecco risolto il mistero di come mamma esca da casa acqua e sapone, ed arrivi al lavoro perfettamente truccata ed in ordine, con tanto di matita sulla labbra e ombretto abbinato al vestito!

Vorrà dire che guarderò io la strada, dal bellissimo seggiolino nuovo che mamma ha installato sulla sua auto, regalo di zia KK, nero con i puntini bianchi, che mamma userà per farmi viaggiare con lei fino a casa dei nonni.

5. Succede a tutti, prima o poi, di "parlare "con la propria auto. Tu in che modo lo fai?
a) Rispettosamente
b) le dico: "Ehi ciao", ogni mattina
c) la supplico "sii brava" quando non parte..

Mamma giustamente sceglie la B, ma forse scegliere B per mamma è un po' troppo riduttivo.

Ok che la macchina ci accompagna in giro ogni giorno, ma mamma ci fa dei discorsi interi.

Quando vanno in giro, mamma le racconta com'è andata la giornata, le dice che tra pochi giorni la porterà dal "dottore", che sarebbe il suo meccanico di fiducia, a fare il controllino, che sarebbe il tagliando.

Mamma si prende cura di lei, spero che si prenderà cura anche di me.

Che canterà anche con me delle canzoni allegre, e che riderà, come fa con la sua radio quando ascolta delle cose divertenti.....io e mamma staremo sempre insieme anche in macchina!!!!

Saremo come le donne al volante!!!!!

Due donne al volante.

Ultima domanda del test ...dai che siamo carichi!!!!!:

6 . Ogni quanto tempo la fai lavare?
a) Una volta alla settimana o più
b) quando è sporca, come dopo una nevicata
c) Sicuramente ai cambi di stagione

Dunque....abbiamo la nostra macchina da un anno....non credo che mamma mi abbia mai portato a lavare la macchina.

Seconda la filosofia di mamma, la macchina si lava quando piove.

Pare che ci sia un folletto magico, che ogni tanto la pulisce e la aspira dalle briciole che mamma produce mangiandoci dentro ogni sorta di caramelle colorate...

So solo che una sera è briciolosa, e la mattina dopo è come nuova!

Chissà se un giorno incontrerò il folletto della macchina!

Una volta siamo andati con papà e la sua macchina, io sempre dentro mamma, in un luogo chiamato auto-lavaggio.

Pare che in questo posto fantastico le macchine possano farsi un bel bagno con shampoo, con un sacco di schiuma come quello che si fa la mamma; ed essere massaggiate da dei rulli giganti e molto colorati.

Che bello che deve essere, chissà se mamma mi farà il bagnetto un giorno!!!!

Speriamo che mi lavi più della sua macchina…..

<u>Allora test finito.</u>

Risultato:

<u>Automobilista Improbabile.</u>

Significa che probabilmente è meglio che mamma non guidi, ma sono sicuro che quando ci sarò io su con lei, lei farà molta attenzione, non andremo mai lontano e soprattutto che canteremo insieme le canzoni che sentiamo alla tele il sabato mattina dall'Antonella….

Tipo quella del coccodrillo, che prima non si sapeva come faceva, ma adesso, dopo un anno di ricerche si sa….

O quella delle tagliatelle che si prendono al posto della medicina, e le fa una nonna, quindi il nonno, che adesso cucina per me e mamma, poi mi farà sicuramente.

Bene, adesso zia V ci lascia, io e mamma siamo un po' stanche, ed abbiamo bisogno di fare un sonnellino.

<u>La valigia per l'ospedale, Mamy metti anche le mie cose!</u>

Siamo ormai all'11 Giungo.
Sì, avete capito bene, la mia DPP è passata da un giorno, ma quando mamma è andata dalla Dr.ssa lei le ha detto che io non sono ancora pronto per nascere.
Mamy….scusami, so che sei stanca, ma si sta così bene qui con te che non riesco proprio a lasciarmi andare…
Dai, ancora qualche giorno….
Ma i giorni passano, e mamma diventa sempre più impaziente, decide, dietro il consiglio della Dr.ssa, di preparare una valigia da tenere in macchina, perché pare che potrei nascere.

Quindi mamma prende la sua valigia, rosa con sopra la serigrafia di Hello kitty, che è uno dei personaggi preferiti di mamma, ed inizia a fare la valigia. ☺☺☺☺☺!!!!!☺☺☺☺☺!!!!!

Procediamo con ordine:

<u>Cose per cuoricino:</u>

- ✓ Body intimi , grazie mamma, per proteggermi il pancino, fuori non farà caldo come qui nel tuo pancione vero?

- ✓ 6 tutine di cotone manica lunga (sono tante…ma a mamma hanno parlato dei vomitini….pare che vomiterò e mamma non vuole che sia papà a dover scegliere i primi vestitini che indosserò in pubblico…chissà come mai…)

- ✓ Calzine

- ✓ Copertina di piquet (con disegnata la giraffa, quella ci hanno regalato)

- ✓ Cappellino di cotone, quello rosa fatto dalla nonna

- ✓ Pannolini (grazie mamma che me li porti, così non faccio la pipì dentro….fuori da te come farò????)

- ✓ Fiocco rosa per la mia culla (quello grande grande)

- ✓ Fiocchetto rosa da appendere fuori dalla cameretta dove alloggeremo dopo il parto, tu nel letto io nella culla

- ✓ Salviettine e cremina per il mio culetto delicato…cremina all'ossido di zinco, come ci hanno consigliato in pediatria, per il mio culetto, dici che si arrosserà mamma????

- ✓ 2 bibe (non sia mai che mamma non abbia il latte!!!) Cosa mangerò Mamy???? Non ci sarà più il tuo cordone ombelicale, quello che ci tiene uniti da sempre, a darmi la pappa???? Me la darai sempre tu la pappa???? C'entrano le lezioni di allattamento che abbiamo preso al corso pre-parto il mese scorso???? dove tu e le altre mamma parlavate di questo famoso attacco al seno????

- ✓ Salviettina e latte detergente per la pulizia del mio visino

- ✓ Ok, cuoricino sistemato.

Ora pensiamo a mamma…che avrà bisogno di un sacco di cose, dopo l'immane sforzo!!!!

Pare che il giorno del parto sia atteso con ansia da mamma, ma pare che farmi uscire dal suo pancione farà parecchio male…povera Mamy, non potrei uscire senza farla soffrire….io Mamy farò di tutto per non farti male.

Me ne starò bello fermo qui dentro, senza dare nessuna noia…non mi muoverò di un centimetro, promesso!

Parola di cuoricino! ☺☺☺☺☺!!!!☺☺☺☺☺!!!!!

Allora:

Vai di lista di mamma:

- ➢ Tre camicie da notte (una di cotone, con le coccinelline, un pò sacrificale per il parto, ma comunque carina) e due di seta per il post parto, chissà che carina Mamy con su le cocci-cocci!!!!!Speriamo che il papà ci faccia subito una bella foto insieme!

- 4 paia di slip usa e getta post parto, grandissime, dovranno contenere mamma con gli assorbenti post parto, che detto tra noi sono enormi...mamma non sarà felice...odia le mutande grandi...

- Relativi pannoloni (mamma mia sono lunghi 40 cm...) povera mamma....

- 3 reggiseni per allattamento, mamma parla di evitare un certo crollo....non saprei di cosa...

- Una vestaglia (che le ha regalato la nonna, lilla con i pallini), abbinata ad una tutina che ha preso per me

- Ciabattine lilla abbinate, mamma vuole essere carina.

- ☺☺☺☺☺☺☺☺☺☺☺☺☺☺☺☺☺☺☺☺☺

Ha infatti di recente scoperto che le sue amiche, che fanno le carine, poi in realtà commentano le mises delle mamme che hanno appena partorito, e da quel giorno è anche preoccupata di come dovrà ricevere gli amici dopo che sarò nato.

Ma scusa, gli amici e i parenti non verranno per conoscere me?

Mamma la conoscono già no??? Quindi perchè Mamy è preoccupata????

Io cercherò di essere super carino per farle fare bella figura!

> Scialle rosa con roselline, Mamy come quello che indossa la nonna!!! quindi tipo nonna!

> Calzini, dovrebbero essere bianchi secondo la lista dell'ospedale…, ma mamma li ha presi colorati, per lei il calzino bianco è davvero aberrante! Potrebbe anche mettersi due calze di colore diverso, cosa che tra l'altro le ho visto fare, ma due calzini bianchi…..quello no. Mamma dice che è un colore da sfigati, ed impedisce anche a papà di metterseli, anche se stanno sotto la scarpa e non si vedono. Quindi deve essere davvero grave mettersi i calzini bianchi,

io di certo non me li metterò mai, non vorrei mai dispiacere Mamy.

➤   ☺☺☺☺☺☺☺☺☺☺☺☺☺☺☺☺☺☺☺☺☺☺☺☺☺

➤   Mamma poi mette : Asciugamani, ospiti più doccia…mamma dice sempre che vorrebbe fare una doccia, senza sbattere il pancione qua e la…e senza poterci appoggiare sopra la spugna…peccato perché a me invece piace un sacco fare la doccia con la mamma. Lei fa sempre passare una morbidissima spegna rosa a farfalla sul pancione,

ed io vengo tutto massaggiato e coccolato, poi passa il doccino con l'acqua calda, che mi fa il solletico, ed io mi muovo e mamma mi accarezza e mi parla, le nostre docce insieme mi mancheranno così tanto…chissà se quando sarò uscito Mamy mi farà il bagnetto…..lungo e caldo come quelli che facciamo adesso insieme!

➢ Valigetta per riporre gli abiti sporchi, sia miei che tuoi. Mamma ha già preso una piccola valigetta fuxia, il suo colore preferito dopo il rosa, tutta per le mie cose!

Poi mamma chiude la valigia, grande, ed apre una valigetta uguale, ma più piccola.

La valigetta, dice, che servirà per farsi bella dopo il parto, per evitare che papà scappi con un'infermiera più giovane.

Come questo potrebbe accadere davvero non capisco, dato che mamma è bellissima, e quando papà la guarda, gli occhi gli si riempiono di brillantini luccicanti, quelli di glitter che mamma usa sempre per decorare le cose….

Allora…mamma ci mette dentro:

➢ Shampoo e bagnoschiuma abbinati, panna e fragola…uhmmmmm, come quelli che mettiamo sempre nel bagno…

➢ Sapone per le mani Dove, il suo preferito

➢ Set manicure e pedicure, per pitturarsi le unghie di rosa

➢ Phon da viaggio post doccia e balsamo per capelli all'albicocca. spazzola e pettine, più spazzolina rotonda per fonarsi la frangetta…

➢ Crema per il viso, per il corpo e burro di cacao, dicono che durante il parto si sudi molto…comincio ad essere un pò preoccupato per mamma io….pare che questo parto sia davvero molto impegnativo per mamma.

- ➤ Dentifricio AZ al limone e spazzolino da denti (rosa) perché la menta da quando sono arrivato io, a mamma non piace più..

- ➤ (il rosa ci piace tanto -tanto)

- ➤ Specchietto

- ➤ Deodorante e fazzolettini di carta, quelli profumati all'uva! Con sopra Hello Kitty.

- ➤ Astuccio cosmetici e il lucidalabbra alla fragola rosa…

- ➤ Un libro e il suo MP3 fuxia con la colonna musicale motivazionale, mamma lo usa sempre e ci canta sopra…non bene come quello che canta nell'I-pod, ma pare che cantare la renda davvero felice….

- ➤ ☺☺☺☺☺☺☺☺v☺☺☺☺☺☺☺☺v☺☺☺☺☺☺☺

- ➤ !!!!! Stavamo dimenticando di mettere tutti i documenti miei e suoi, mica di essere cacciate per insufficienza di prove!!!! Mamma mi raccomando!!!!

- ➤ Ok, valigia fatta, ora mamma e papà la mettono in macchina, sempre pronta per noi due, mamma ci mette un cartellino rosa a cuore di riconoscimento con scritto: Mamma Stefy e Ingrid (siamo noi!!!)

Ok valigia fatta, mamma, siamo pronte, andiamo insieme all'ospedale a fare questo parto, così poi io esco e ti aiuto un pò, dato che in questi mesi hai fatto solo tu delle cose

per me, io cercherò di aiutarti adesso, almeno con un
sorriso!

- *Come mi chiamerai??? Scegliamo insieme??? Dopotutto il nome sarà il mio!* ☺☺☺☺☺☺☺☺

Mamy, ma adesso che siamo pronte prontissime per il giorno del parto, posso sapere che nome mi darai????

Mi chiamerò cuoricino????

Se cuoricino è il mio nome ufficiale, mi piace.

Sarà cuoricino Mamy????

Lo chiedo perché l'altro giorno, mamma leggeva un libro, chiamato il libro dei nomi.

Forse quando un cuoricino nasce, le mamme danno loro un nome.

Un nome con cui chiamano il loro cuoricino per tutta la vita.

Mamma ha discusso tanto con papà del nome che mi vorrebbe dare, vediamo insieme le opzioni che ha scelto mamma, ed il loro significato, e poi quelle di papi.

Mamma per una femminuccia avrebbe scelto: **al primo posto:**

Alessandra ☺☺☺☺

Dal greco "Alexein", proteggere respingendo, e "Andros", uomo, guerriero, quindi "protettore di uomini".
Vivace e determinata, amante dell'avventura e pronta ad affrontare il rischio.
E' affascinata dalla competizione.

- **Onomastico:** 20 marzo

- **Santo patrono:** Sant'Alessandra, martire del III secolo, sottoposta al supplizio su ordine dell'Imperatore Diocleziano.

- **Segno zodiacale:** Ariete

- **Personaggi celebri:** Una regina di Inghilterra

- **Numero portafuna:** 8

- **Colore:** blu

- **Pietra:** Zaffiro

- **Metallo:** Mercurio

Al secondo posto:

Elisa o Annalisa☺☺☺

Dall'ebraico "El", Dio, e "Sheba", il numero sette che rappresenta la perfezione.
Donna discreta e modesta, ama fantasticare e avere un'intensa vita sociale dove poter mostrare il proprio ottimismo.

- **Onomastico:** 5 novembre

- **Santo patrono:** La madre di Giovanni Battista

- **Segno zodiacale:** Pesci **(come nonna Cesa)**

- **Personaggi celebri:** sorella di Napoleone Bonaparte

- **Numero portafuna:** 5

- **Colore:** arancione

- **Pietra:** Ambra

- **Metallo:** Oro

- **Al terzo posto:**

Andrea☺☺☺

Dal greco "Andros", uomo, uomo illustre.
Amante della cultura, saggio, equilibrato e virile.

- **Onomastico:** 30 novembre

- **Santo patrono:** Sant'Andrea, discepolo di Giovanni Battista.

- **Segno zodiacale:** Sagittario

- **Personaggi celebri:** L'artista Andrea Pisano, Andrea Palladio, Andy Warhol

- **Numero portafuna:** 6

- **Colore:** rosso

- **Pietra:** Rubino

- **Metallo:** Ferro

A me piace tanto Alessandra, è un nome che mamma pensa da sempre, è il nome della sua amica del cuore dell'asilo e della scuola elementare, A era bionda con gli occhi azzurri, e a mamma piacerebbe che io fossi come lei.

Poi mi sembra un nome molto dolce e fine, per una bambina, poi Stefania, che è il nome di mamma, ed Alessandra, accanto stanno bellissimo, ma anche Annalisa o Elisa mi piacciono tanto!

Chissà se alla fine mamma sceglierà il nome per me, oppure sarà papà a scegliere....

Vediamo cosa piace a papà:

al primo posto:

<u>Alessandra (come alla mamma!!!!)</u> ☺☺☺☺☺☺☺☺☺☺☺

Dal greco "Alexein", proteggere respingendo, e "Andros", uomo, guerriero, **a papà questo piacerà un sacco...**
Vivace e determinata, amante ...**questo invece meno.....lui è amante della tranquillità...**

- **Onomastico:** 20 marzo

- **Santo patrono:** Sant'Alessandra, martire del III secolo, sottoposta al supplizio su ordine dell'Imperatore Diocleziano.

- **Segno zodiacale:** Ariete

- **Personaggi celebri:** Una regina di Inghilterra

- **Numero portafuna: 8, è il numero di papà!!!!Andata!!!!**

- **Colore:** blu, **ok ci siamo**

- **Pietra:** Zaffiro

- **Metallo:** Mercurio

In seconda posizione abbiamo:

<u>Francesca</u>☺☺☺☺

Dal femminile dell'etnico latino "Francus", uomo libero.
Donna energica e decisa, non si lascia scalfire dagli insuccessi.

Onomastico: 9 Marzo

- **Santo patrono:** Santa Francesa Romana,

- **Segno zodiacale:** Pesci

- **Personaggi celebri:** Francesca da Rimini, citata da Dante

- **Numero portafuna:** 9

- **Colore:** rosso

- **Pietra:** Rubino

- **Metallo:** Oro

Questo nome è carino, ma non piace a mamma, quindi non ci sono speranze per papà...

Terza posizione:

Federica☺☺☺☺

Dal germanico "Frithu", pace, e "Rich", re.
Donna energica ed equilibrata, è autonoma e passionale, oltre che tendenzialmente ribelle.

- **Onomastico:** 18 luglio

- **Santo patrono:** Un vescovo di Utrecht ucciso nel 838.

- **Segno zodiacale:** Leone **come papà---**

- **Personaggi celebri:** La regina di Grecia Frederika.

- **Numero portafuna:** 9

- **Colore:** giallo

- **Pietra:** Topazio

- **Metallo:** Ferro

Federica a mamma piace abbastanza.

Quindi siamo d'accordo su Alessandra Mamy????

Sarebbe sia per te che per papà la prima scelta giusto???

Sarà un cuoricino chiamato Alessandra, o Ale.

…..no, non mi chiamerà Ale, mamma sta raccontando a papà di un nome bellissimo.

È un nome che non ho mai sentito prima, è davvero bello, e mamma racconta a papà di una fiaba bellissima.

Dimenticavo, ***il nome è Ingrid.***

Deriva dall'antico norreno Ingifríðr, che significa letteralmente "bellezza di Ing". Si tratta di un termine composto da "Ing", antico nome della divinità della mitologia norrena Freyr, e "fríðr", "bello", "bellezza".

Mi sembra davvero un bel nome, ☺☺☺☺☺☺☺☺☺☺☺

Suonava così delicato.

MAMMA raccontava di aver subito immaginato una splendida primula, delicatissima come aspetto, che nasce sulle sponde di un lago scandinavo.

Una primula che sembra fragile solo all'apparenza, così bella e delicata, ma che dentro di sè ha una grande forza…che la sorregge ogni inverno, e la fa resistere sotto terra, sulle sponde del lago ghiacciato, per poi risorgere a nuova vita, la primavera seguente, mossa dal vento freddo, ancora più bella, per catturare i pallidi raggi del sole del nord.

L'immagine nella mia mente è così bella, che resto incantata….sarò un cuoricino bellissimo.

Una vera bellezza del nord. Forte dentro e meravigliosamente bella fuori…

Ingrid.

IO,.

Wow!!!!! ☺☺☺☺☺w☺☺☺☺☺☺☺w☺☺☺☺☺☺☺w

Mamy, ma che bel nome che hai scelto per me!!!!

Sono entusiasta, quando comincerai a chiamarmi così????

Spero appena sarò uscita dal tua pancione, adesso sono davvero pronta, ho già anche il nome!

Eccomi qui. Dotato di nome, e di valigetta a seguito.

È il giorno 15, 5 giorni dopo la mia DPP, data presunta parto.

…Sono ancora dentro mamma.

Oggi però, qualcosa sta cambiando…sento uno strano movimento!!!!

Mamma ha avuto questa notte la rottura del famoso "tappo", di cui ci hanno parlato un sacco di volte, ma non avevamo capito bene di cosa si trattasse fino al momento della rottura…..poi mamma è rimasta a letto tutto il giorno, con le doglie, ad aspettare che la distanza tra queste doglie fosse di 5 minuti ca.

Perché 5 minuti????

Qui Mamy non sta bene, è evidente, perché non andiamo in Ospedale????

Dov'è papà???? Nel posto chiamato lavoro???? Anche oggi????

Mamma allora va a casa dei nonni, almeno non stiamo da sole. Mamma odia stare da sola quando non sta bene, invece a casa dei nonni si sente al sicuro.

Mamma di sdraia sul memory della nonna, e il nonno le cronometra le doglie…. una ogni mezz'ora…. non ci siamo Mamy.

Verso mezzogiorno siamo ad una ogni 15 minuti… ma quanto ci vuole? Mamy è sempre sdraiata sul lettone, è stanca e beve un te….

Alle 16 le doglie sono a 10 minuti ca, dai Mamy, ti cronometro io!!!!!

Vedrai che ce la facciamo! Io faccio da supporter!!!!

H 17 ca, arriva al Sig. Papà dal lavoro a prendere mamma e ci porta all'ospedale dove pare che nascerò; io, mamma, e la valigia che abbiamo preparato insieme pochi giorni fa, speriamo di aver messo tutto.

Adesso mentre siamo in macchina, papà cronometra, e siamo davvero ad una contrazione di 30 secondi ogni 5 minuti…mi sa che ci siamo!!!!

Tra pochi minuti saremo in ospedale ed io conoscerò mamma!

H 18,15, ci accettano al pronto soccorso, e allacciano al pancione di mamma una fascia nera, che serve per misurare l'intensità delle contrazioni….io cerco di fare del mio meglio, restando bello fermo, ma qui si muove tutto, mamma deve essere molto agitata perché il suo cuore batte forte forte……

Mamma non essere in ansia, vedrai che andrà tutto bene, tra poco staremo insieme….

H 20 ci portano in sala parto, una bella camera azzurra grande, tutta per noi.

Mamma può finalmente indossare la camicia da notte con le coccinelle che ha comperato apposta per oggi, è davvero carina, ma il suo viso non è rilassato come al solito, credo che stai soffrendo…

☺☺☺☺☺w☺☺☺☺☺☺☺w☺☺☺☺☺☺☺☺w

O cielo!!!!

Mamma non sta bene, aiutatela subito!!!!!

Scusate, ma l'ospedale non è il posto dove si va quando si sta male e ti aiutano???? Siamo qui, Mamy sta male, e tutti le dicono solo di avere pazienza…..

Io mi sento agitato….

Resto immobile….

Ma cosa vedo…..entra un Dr.ssa e visita mamma…ma…dove sta mettendo le mani???? Mamy?????

<u>E papà non dice nulla?????</u>

No, direi che la procedura è normale, perché non solo papà non dice nulla, ma ogni tanto il Dr. entra e fa di nuovo la visita alla mamma in quel modo…anche mamma pare non gradire particolarmente….

Sto nascendo???? Boh, io resto qui fermo.

Sento mamma che chiede un pò di acqua, beve, e poi comincia a dirmi di uscire….

Mamma… cosa succede? Non ti sei mai rivolta a me con quel tono…. perchè mi devo sbrigare???? Dove vado? Cosa devo fare per aiutarti??? Sono già bello fermo e zitto per non disturbarti….

Papà, dalle una caramella, di quelle gommose alla frutta, meglio quella alla ciliegia; una caramella fa sentire sempre subito meglio mamma.

Ma papà non le dà la caramella, le tiene solo la mano e la guarda preoccupato…. sembra tanto stanco anche lui, e non capisco perchè dato che non sta facendo nulla… invece Mamy ha già avuto le doglie, la rotture del tappo, ha già fatto tante visite, e adesso una signora vestita di blu, le infila un attrezzo freddo e le rompe le acque…

Oddio….adesso si che mi sento scombussolato….dove sono finite le acque della mamma…mi servono…..ci devo nuotare e galleggiare…come mai ce le tolgono????

Poi la signora in blu attacca al braccio di mamma un ago (ci mancava solo questo), per darle una cosa chiamata ossitocina.

Questa ossitocina pare che serva per accelerare il momento del parto.

Non capisco a cosa serva, dato che io sono ancora qui bello fermo, che non mi muovo di un millimetro, per non intralciare mamma...

Poi la signora in blu dice: dilatazione 3cm....

E mamma risponde: come 3 cm, siamo qui da tutta la notte.....

A quel punto mi accorgo di quanto è passato, in effetti, da quando siamo in questa stanza, il sole è tramontato, la notte è arrivata, e la luna ha fatto capolino dalla finestrella della stanza di mamma, poi si è ritirata a riposare, ed il sole è tornato al suo posto.

☺☺☺☺☺w☺☺☺☺☺☺w☺☺☺☺☺☺☺w

Sono già le 7 di mattina, siamo qui da 13 ore, il tempo davvero vola….

Ma pare che per mamma la notte sia stata davvero lunga, e adesso c'è con noi un'altra signora vestita di blu, che a mamma piace più della prima che avevamo, perché è più giovane e più gentile.

La signora, chiamata ostetrica, dice a mamma che dovremo effettuare un taglio cesareo, e che la devono preparare.

Che peccato, mamma dovrà essere operata, forse stare qui fermo fermo, immobile non è stata la scelta giusta per aiutare mamma stanotte.

Mamma alle h 11 del 15 giugno, entra in sala parto, adesso anche mamma è vestita tutto di blu, le hanno messo una cuffietta, che di sicuro non le piace perché le rovina i capelli, e la stanno preparando.
Poi arriva un medico più vecchio e tira fuori…oddio…non sarà mica un coltello quello, vero???

Papà, dove sei?

Guarda che qui si mette male, stanno per tagliare la pancia di mamma, di certo qui finirà male.

Poi…..mamma mia che luce abbagliante…….mi hanno tirato fuori…cosa faccio, piango????

Io piango, così mamma sente che sono uscito.

☺☺☺☺☺w☺☺☺☺☺☺☺w☺☺☺☺☺☺☺w

☺☺☺☺☺w☺☺☺☺☺☺☺w☺☺☺☺☺☺☺w

Uuuuuuuuuuuuuèèèèèèèèèèè!!!!!!!!!!!!!!!!!!!

Dove sei mamma???? Chi è questa che mi ha preso? Mi hanno tirato fuori così all'improvviso che non riesco più a vederti……

Ah ecco….ecco che ti vedo adesso…..mamma mia che freddo che fa fuori dal tuo pancione Mamy…non si potrebbe rientrare per un minutino per scaldarsi????

Pare di no, ma la signorina che mi teneva, e che mi ha lavato e avvolto in un telo, blu anche il mio, adesso mi mette vicino al viso di mamma.

Mamma è ancora sul letto della sala dove hanno operato, pare che debbano ricucire per bene il taglio che hanno fatto per fare uscire me dal suo pancione.

Adesso il pancione, infatti, non è più un pancione, ma un panciotto, è sempre un pò gonfio, ma certo non come prima…ecco com'è fatto il pancione della mamma visto da fuori….

Dicevo che mi mettono vicino al suo viso, ed io cerco di farmi più carino che posso, per farle una prima buona impressione.

Poi mamma mi guarda, e mi da un bacio sulle labbra….

Eccolo….

Il primo bacio della mia mamma.

Indubbiamente sarà il momento più bello della mia vita.

Non lo dimenticherò mai, come sono morbide le sue labbra, e che bel nasino che ha Mamy, visto da vicino è ancora più bello!

Mamma piange, ma si vede che è perché è felice, anche io sono felice di vederla quindi piango anch'io.

Uèèèèèèè!!!!!!!!!!!!!!!!

☺☺☺☺☺☺☺☺☺☺☺☺☺☺☺☺☺☺

Il nostro primo attimo insieme!!!!

☺☺☺☺☺w☺☺☺☺☺☺w☺☺☺☺☺☺w

Di mamma ed il suo cuoricino!!!!

☺☺☺☺☺☺☺☺☺☺☺☺☺☺☺☺☺☺

Adesso la signorina mi porta lontano da Mamy, perché????

Mi fanno un bel bagnetto, e mi mettono la tutina che mamma ha scelto per me, e sotto un body.

In effetti adesso sto più caldo e mi sento meglio, ma non come nel pancione della mamma.

Mamma!!!!!! Mamma!!!!!!

Ma dove sei?????

Poi ecco che compare il Sig. Papà, che in sala operatoria non c'era, ma pare che ci guardasse da fuori….

☺☺☺☺☺☺☺☺☺☺☺☺☺☺☺☺☺☺☺☺

☺☺☺☺☺☺☺☺☺☺☺☺☺☺☺☺☺☺☺☺

Incomincia la Nostra avventura insieme.

Eccoli…..ecco gli occhi di mamma, che hanno incrociato finalmente i miei.

Sono scuri e grandissimi…così grandi che ti ci perdi dentro….

Ecco la mia mamma.

Eccoli…

- *<u>DAY-ONE,</u>*

<u>Prima giornata</u>

Eccoci qui…..

Prima notte in ospedale.

Mi hanno messo lontano da Mamy, e già non mi piace. Non mi hanno nemmeno fatto sapere come stava dopo che sono uscito dal suo pancione.

Certo meglio di poco prima che uscissi, io stavo stretto, ma sentivo che lei soffriva, e quando è entrato un medico con la mascherina blu e le ha offerto di fare un cesareo, mi è sembrata sollevata…

Dopo che sono uscito, ci siamo solo dati un bacetto al volo, e poi un medico mi ha trascinato via per fare i famosi controlli.

Pare che i controlli dopo che ti hanno tolto dalla tua mamma siano fondamentali.

Io non capivo nulla, dicevano questo ok, quello ok, questo indice ok. L'altro ok pure, punteggio: 9.

Beh, se ho preso 9 in una scala da uno a dieci significa che vado bene, no?

Sono un figo! Un cuoricino bellissimo!!!!

Sono così bello, che dopo la visita mi hanno messo degli occhiali da sole, come quelli delle star che io e Mamy guardavamo alla TV insieme, neri e luccicanti, come Tom Cruise!!!

Poi mi hanno adagiato in un lettino trasparente, così che tutti mi potessero vedere, e poi mi hanno fatto fare una lampada solare lunghissima!

Forse la lampada serve per farmi bello.

Eccoci qui, inizia la prima giornata fuori dal pancione di mamma.

Prima impressione: stavo meglio dentro, dove si trova Mamy????

Elenco dei " ci piace":

- Il dottore era gentile, e mi hanno assegnato un'infermiera dolcissima
- Gli occhiali da sole sono fighi!
- La lampada è calda, e mi fa sentire bene
- Mi vedo finalmente i piedini, anche se non riesco a toccarmeli
- In effetti sto più comodo che dentro al pancione, anche se fa più freddo
- Il mio fiocco rosa è davvero gigante come mamma lo aveva descritto, adesso si che lo vedo, bello Ma'!
- Posso vedere il mondo come mamma me lo aveva descritto
- Mi piace essere arrivato finalmente quaggiù sulla terra
- Sono felice che mamma non debba avere più il mal di schiena per portarmi a passeggio
- Potrò guardare Mamy negli occhi e vedrò il suo sorriso
- Qui ci sono altri bambini che piangono...ma se piangono tutti, mamma come farà a capire che io ho bisogno di lei?
- Passa della gente e ci guarda da una vetrinetta trasparente, tutti fanno commenti su come siamo, come non siamo, se siamo carini, a chi assomigliamo, se siamo grandi o piccoli, biondi o bruni...pare che in effetti non vada bene nulla...chissà se verranno anche i nonni a guardarmi.
- La mia vicina a sinistra è carina...si chiama C, Clelia, è adorabile!!!! È la mia gemellina di parto!

Elenco dei "non ci piace":

- Già mi manca mamma, <u>questo vale 3 non ci piace</u>
- Fa freddo
- Nel pancione avevo sempre cibo, qui nessuno mi porta niente
- La tutina che mi hanno messo è gialla, è evidente che non è stata mamma a scegliere
- La copertina è un po' ruvida
- Ci sono altri bambini vicino a me...mi pare che a privacy siamo un po' scarsi qui....
- Prima mi hanno spogliato e cambiato il pannolino
- Ogni tanto questo pannolino si bagna...
- La nursery NON è rosa...e nemmeno il mio lenzuolino, anche se i disegnini sopra devo ammettere che sono molto carini...
- Non sono sicuro che avrò ancora una parte di tutte le cose che mamma mangerà, tipo il gelato...
- Le foto... ecco, tutti mi fanno un sacco di foto, questo "non ci piace"
- C'è tanta luce... mi fanno un pò male gli occhietti
- Tutti mi toccano, perché tutti mi toccano????? ci conosciamo???
- Chi è questo qui???? chi mi hanno messo di fianco???

- Bene,

analizzati i "ci piace" e i "non ci piace", vediamo che cosa potrebbe aiutarmi a stare meglio:

i "must" sarebbero:

- Meno luce, siamo accecati!
- La mamma su cui dormire, sì ...sopra la mamma
- Un po' di latte caldo
- Un pannolino pulito... qui sento umidiccio....
- Una cameretta singola????
-

Invece i "nice to have" sarebbero:

- Occhiali da sole più comodi? Questi mi segnano il viso e le orecchie...
- Tutina rosa?
- Calzine abbinate?
- Copertina di cachemire?
- Ciuccio rosa di silicone
- Cuscino sotto la testa, meglio se di lattice, grazie.
- Musica classica di sottofondo
- Una piccola coccola ogni tanto
- Grattino ai piedini
- Spazzolatina ai capelli, durante il parto mi si sono un po' arruffati

Per fortuna il primo giorno è passato velocemente, ma qui mamma ancora non si vede.

Sono arrivati a trovarmi:

* Nonni materni
* Nonni paterni
* Il papà un sacco di volte
* Lo zio N. e la zia C.
* Gli amici della mamma
* Gli amici del papà
* La compagna di stanza di mamma, F.
* La gemella di parto della mamma, A. e la sua mamma, e suo marito P.
* Dei signori che non conosciamo, ma che mi guardano sempre
* Un'infermiera carina
* Il ginecologo di mamma .F.
* L'ostetrica che ci ha seguito durante il parto…quella che non voleva che mamma facesse il cesareo…visto che alla fine mamma aveva ragione???? Visto che le serviva e non stava solo piattolando in preda agli ormoni? Visto? Visto?

Alla fine del primo giorno arriva papà, e lui e un'infermiera mi cambiano e mi fanno il bagnetto.

Poi finalmente mi mettono nel lettino, quello trasparente con le ruote, e mi portano da mamma.

Prendiamo tutti insieme un ascensore grande, io sono sempre nel lettino trasparente ….entriamo in una cameretta azzurra, appeso alla porta c'è un fiocco rosa.

Un fiocco rosa grandissimo!!!

Di sicuro è per me...mamma me lo aveva descritto un sacco di volte quando ero nel pancione.

Poi giriamo l'angolo ed ecco...rivedo la ma mamma!!!

È ancora più bella adesso, ha i capelli raccolti in un codino...molto sbarazzina!

Appena mi vede mi sorride...indossa ancora la camicia da notte con le coccinelle rosse che le ha preso nonna per il giorno del parto, la trovo molto carina.

Ma lei mi dice di non guardarla perché si sente brutta...ed è anche tutta sudata...e non capisce come mai l'infermiera le vieti di fare una doccia.

Mamma, sarà mica perchè hai subito un'operazione???

Mamy...mi dici cosa sono tutte quelle cannucce che hai attaccate alla pancia???

Ti sei fatta male????

Poi papà mi prende in braccio e mi passa sul lettone della mamma, che mi abbraccia e mi stringe a se...che sensazione meravigliosa!!!

AAHHH!!!! La mia Mamy!!!!!

Non è forse questo il posto più bello del mondo????

Di certo lo è per me.

Mamma...senti, già che siamo qui.....io avrei un po' fame...che dici???? Ci facciamo un latte doppio???

Un latte con il nesquik come a casa a merenda? Quello nel bicchierone che si beveva con la cannuccia rosa arrotolata intorno al bicchiere????

Mi piacerebbe un sacco.

Ma papà mi prende in braccio e mi dice che mamma deve riposare, e che io posso stare in braccio da lui quanto voglio.

Mi piace papà, mi assomiglia un sacco.

Ha gli occhi azzurri come i miei, e i capelli chiari come me…ma io sono certo più carino, perché quando mi tiene in braccio e passeggiamo per i corridoi tutti guardano ME!

Ad un tratto dalla camera di fronte a quella di mamma proviene un urlo….UUUUé!!!!!!!!!!!!!!!!!!!

Mamma mia, come grida questo qui,che buzzicone ma da dove viene????

Il pianto continua tutto il tempo che la mamma ed io restiamo insieme a farci le coccole…..meno male che non siamo in camera con questo qui, se no ci tirava matti!!!!

Invece la nostra mamma amica di letto è davvero carina, si chiama F., è un pò più giovane della mamma, ed ha avuto anche lei un cuoricino rosa, che si chiama B.

Mamma e F. parlano tanto tra loro, di come sono le loro vite e di quanto già ci amino tantissimo! Siamo due cuoricini rosa fortunati!

Poi arriva anche papà, che nel frattempo era andato a farsi un pisolino… poveretto, è davvero distrutto (neanche avesse partorito lui!), ma mamma mi aveva già spiegato che le mamme hanno sempre più energie e più risorse dei papà…

Papà mi prende in braccio, e dice che adesso devo tornare al nido, perché mamma non riesce ancora ad alzarsi e deve riposare.

Allora io vado Mamy, ti lascio riposare…ma torno presto sai.

Quando sono nella mia culla, ti penso tantissimo, tantissimissimo, perché sei la mia MAMMA.

La notte passa velocissima.

Io indosso sempre gli occhiali da sole, l'infermiera carina con i capelli rossi mi ha fatto un bel bagnetto caldo ieri sera, poi mi ha cambiato il pannolino, e poi mi ha dato un bacetto mentre mi metteva sotto la lampada solare.

Con gli occhiali sono sempre molto cool!!!!

Stanotte sotto la lampada ci sono dei nuovi cuoricini, quelli che sono nati oggi.

Io invece ormai sono già grande...di qua ragazzi...se volete qualche info io ormai sono un esperto!!!

I nuovi cuoricini piangono tanto, allora piango un po' anche io, così...per essere un po' solidale...

Poi torna l'infermiera carina e mi porta nella mia culla, e mi addormento quasi subito.

Domani mattina andrò ancora dalla mia mamma.

Già mi manca...AAA mamma...

Dove sei????

Io ti cerco tanto!!!!

Chissà se il tuo cuore sente che il tuo cuoricino ti sta cercando!

Domani mattina, tornerò da mamma, e se i suoi esami saranno buoni, torneremo insieme a casa.

Io verrò di certo messo nell'ovetto che mamma ha comperato per farmi viaggiare sicuro sulla macchina di papà, arriveremo a casa, e saremo una famiglia.

- *Il primo cambio con mamma…*

Allora, eccoci qui, ho visitato la casa con mamma che mi portava nella cesta da passeggio bellissima che lei e papà hanno comperato per me.

Adesso mamma ed io siamo sole, tutte le infermiere dell'ospedale non ci sono qui a casa, siamo solo noi, la nostra famiglia…quindi mamma si occupa di me a tempo pieno e la aspettano centinaia di prove…. mamma per esempio adesso…mi deve cambiare il pannolino (che si è di nuovo bagnato!)…

Di certo mamma sarà bravissima, anche se per lei è la prima volta.

Infatti in ospedale, mi hanno sempre cambiato le infermiere con i pantaloni tutti colorati, quelle reparto maternità del Buzzi, sono vestite così carine, che è impossibile non amarle, oppure il papà.

In effetti il papà era sempre in loro compagnia quando mi cambiava il pannolino, e loro gli dicevano come fare cosa.

In tanti cambi papà si è sempre, comunque, dimenticato qualcosa….

Quindi il cambio del pannolino deve essere difficilissimo per chi è alle prima armi, come mamma.

Invece le signore infermiere, mi cambiavano velocissime, mi facevano anche il bagnetto, ed io nemmeno non me ne accorgevo.

La mamma in quei giorni, stava sempre nel letto, ed aveva tantissime cannucce attaccate, ho capito che non stava tanto bene, dopo che mi hanno tirato fuori con il taglio dalla sua pancia, quindi con lei non ho ancora mai fatto un cambio.

Il taglio le faceva male, ma mi coccolava lo stesso tantissimo, ma poi mi doveva dare al papà per alzarsi anche solo un attimo dal letto.

Camminava piano piano per il corridoio, e mi spingeva nelle mia bella culla trasparente, con sopra una copertina tutta colorata, come i pantaloni delle infermiere, e sopra c'era scritto in rosa:

- *Ingrid*
- *51 cm*
- *3,950 kg*
- *E poi un coniglietto disegnato.*

!!!!!

<u>Ingrid insomma sarei io.</u>

Quindi dicevo che Mamy mi spingeva, piano, per i corridoi, ma fino ad ora niente cambio….

Quindi oggi è un'altra delle nostre prime volte insieme.

Dai Mamy, facciamo il cambio, so che sarai bravissima, e non mi fai cadere.

Prima di tutto dobbiamo andare sul fasciatoio, lo so perché le infermiere mi mettevano sempre li prima del cambio.

Io ho già fatto tanti cambi Mamy, quindi niente paura, procedi che ti guido io!

Allora, sequenza di lancio, sentita un sacco di volta al nido dell'ospedale, dove riposavo:

allora:

- ✓ Prendere cuoricino per i piedini

- ✓ Slacciare i bottoncini del body

- ✓ De-strappare il pannolino bagnato

- ✓ Lavare il sederino con acqua e sapone per bambini che mi hai comperato apposta, quello con la cremina dentro Mamy….per favore…

✓ Mettere il nuovo pannolino, mettiamo quello con il bordino azzurro come quello del nido…che era morbido morbido????

✓ !!!!!!!!!

No…manca qualcosa…oddio il cordone!

Mi sono dimenticato che dobbiamo togliere la garzina a l mio cordoncino e mettere la garzina nuova con un piccolo nodino, l'infermiera ha detto a papà che era un passaggio delicato, quindi importante:

Ok, da capo: ☺☺☺☺☺☺☺☺☺☺☺☺☺☺☺☺☺☺☺☺☺☺

✓ Prendere cuoricino per i piedini

✓ Slacciare i bottoncini del body (rosa)

✓ De-strappare il pannolino bagnato

✓ Lavare il sederino con acqua e sapone per bambini

✓ Cambiare la garzina al cordoncino e mettere quella nuova con nodino…com'era…..prova Mamy, anche se non viene perfetto … tanto è sotto e non si vede…

✓ Prelevare pannolino pulito e profumato dalla confezione e aprirlo (quindi abbiamo detto quello con il bordo azzurro, sarebbe bello se ci fosse sopra la pecorella Mamy)

✓ Mettere il nuovo pannolino, facendo attenzione a lasciare lo spazio sopra tra il pancino…sembrava più facile quando lo spiegavano a papà….in effetti fatto da zero è un pò più complicato di quanto pensassi….in fondo papà non facevo poi così male….

✓ Ok, ce la possiamo fare vai Mamy !!!!!

……

Pannolino asciutto.

Mamma è davvero bravissima! Non mi sono nemmeno accorto….

Non mi ha messo la pecorella, ma una mucca credo, ma va bene lo stesso.

Io conosco benissimo tutti gli animale sapete?

Sapete come faccio a conoscerli?????

Perché mamma canta sempre! Abbiamo detto che non lo fa bene come Mina, ma alla radio con papà, tornando dall'Ospedale, ho ascoltato certi cani, che anche mamma potrebbe cantare in radio…davvero!

Allora, adesso vi spiego come faccio a conoscere gli animali.

Mamma e papà cantano sempre una canzone, mamma diceva a papà, quando ero nel pancione, che la doveva imparare per cantarmela una volta che sarei uscito.

Il problema è che papà odia cantare….

E poi non conosce i versi degli animali.

Mamma invece è bravissima, conosce un sacco di animali, tantissimissimi!

Allora succede così: mamma canta il nome di un animale e papà deve fare il suono, per farmelo imparare.

Mamma comincia:

"Nalla vecchia fattoria I-A I-A oh…..

Quante bestie ha nonna Pia I-A i-a ohhhh, c'è il cane"

E papà:

" bau", e fino a qui fa bene, quindi pare che l'animale chiamato cane faccia bau.

So com'è fatto un cane, e anche che suono fa, perché nella villetta accanto alla nostra c'è un grosso cane bianco, mamma dice che somiglia ad una pecora, papà invece dice sempre che è sporco…quindi non so bene a cosa somigli, se a una pecora o ad uno sporco, comunque so che suono fa perché fa "bau" ogni volta che mamma e papà entrano in casa dal cancelletto davanti…

Allora fin qui tutto bene, il cane fa bau…

Poi mamma continua:

"Nalla vecchia fattoria I-A I-A oh…..

Quante bestie ha nonna pia I-A i-a ohhhh, c'è il gatto"

E papà:"miao"!, miao miao miao!!!!!

Bene, fino a qui mi sembra preparato il papà, anche il gatto lo conosco, i nonni hanno una bella gattona nera, tutta pelosa, che infatti fa miao e anche "puuurrrrr" quando la mamma le si avvicina e le fa le coccole, è davvero una signora la miciona dei nonni.

Poi andiamo avanti:

Poi mamma continua:

"Nalla vecchia fattoria I-A I-A oh…..

Quante bestie ha nonna pia I-A i-a ohhhh, c'è la pecora"

E papà: beh!!! Beh, beh beh-eee!

La pecora è l'animale che mi piace di più in assoluto.

È quella dei pannolini azzurri, poi è l'animale che la mamma conta prima di andare a letto.

Una pecorella, due pecorelle, tre pecorelle…..e così via fino a 100 pecorelle almeno….

Le pecorelle, legate tutte insieme con dei grandi fiocchi da noi cuoricini, formano le nuvole.

Ma le nuvole bianche, quelle belle, soffici e nuvolose, quelle che i cuoricini usano per giocare.

Mentre galleggiano nell'aria, sferruzzano con dei grandi aghi gialli e rossi la loro lana, e ne ricavano dei bei maglioncini che regalano a noi cuoricini per tenerci al caldo i giorni invernali.

Sono delle tessitrici davvero molto esperte, perché ogni maglioncino è più bello dell'altro, la trama del ricamo è sempre diversa e bellissima.

E come sono morbidi!

Sarebbe bello se tutti i bambini del mondo potessero averne uno fatto direttamente da loro.

Quindi pecorella ok, la conosco benissimo.

Poi andiamo avanti ancora un po'

e mamma continua:

"Nalla vecchia fattoria I-A I-A oh…..

Quante bestie ha nonna pia I-A i-a ohhhh, c'è lo struzzo"

E papa: ……uhm…..

Lo struzzo, c'è lo struzzo!!!!

Papàaaaa!!! Lo struzzo, come fa lo struzzo???? Dai fammi lo struzzo papì!!!!

Struz-zo! Struz-zo! Struz-zo!

…papà non conosce il verso dello struzzo…

Allora mamma riprova…

"Nalla vecchia fattoria I-A I-A oh…..

Quante bestie ha nonna pia I-A i-a ohhhh, c'è la giraffa"

E papa: ……uhm…..

La giraffa papà, dai fammi la giraffa!

La conosci dai, ti ricordi???? C'è il suo disegno sul mio lettino.

Quando abbiamo scelto il mio lettino, io ero nel pancione, e mamma ha detto, prendiamo questo, bianco con sopra disegnata la giraffa!

La giraffa pa!

Quella con il collo lungo, dei bellissimi puntini marroni, quella della camicia da notte di mamma!!!!

….non lo sa…

☹☹☹☹☹☹☹☹☹☹☹☹☹

☹☹☹☹☹☹☹☹☹☹☹☹

Va bè…un piccolo momento di defaiance può capitare a tutti…

Allora mamma, riprova:

"Nalla vecchia fattoria I-A I-A oh…..

Quante bestie ha nonna pia I-A i-a ohhhh, c'è il coccodrilo" "illo!!" "cocco-drillo!"

E papa: ......uhm.....

☹☹☹☹☹☹☹☹☹☹☹☹☹

Papàaaa!!!! Ma nemmeno il coccodrillo. DAAAAAIIIII!!!!

Ma il coccodrillo come fa lo sanno anche i muri.

Scusa, non guardi la tele con la mamma a mezzogiorno il sabato e la domenica???? Non ti ricordi???

Il coccodrillo è quello che prima nessuno sapeva come faceva, si sapeva solo che non metteva mai il cappotto e che piangeva sempre....e che con i denti pungeva, poi però, qualcuno ha scoperto come fa!

E adesso non è più un segreto, perché il verso del coccodrillo è stato svelato, ed è un verso super- ufficiale ed approvato!

DDDDDAAAIIIIIIII!!!!!!!!!!!!!!!!

La mamma resterà super delusa.....

☹☹☹☹☹☹☹☹☹☹☹☹☹

Dai pà, il coccodrillo!!!!!

NNNNNNNNNNNNOOOOOOOOOO!!!!!!!!!!!!

☹☹☹☹☹☹☹☹☹☹☹☹

☹☹☹☹☹☹☹☹☹☹☹☹☹

<u>NON LO sa!</u>

Infatti mamma gli chiede, ma scusa, nemmeno il coccodrillo????

E lui le dice "ma perché tu sai come fa?"

<u>E lei" certo, fa ghe ghe ghe ghe!"</u>

E lui: io non lo sapevo!"

Ma pa, scusami, allora quando la mattina guardavamo l'Antonella con mamma, per vedere tutte le ricette che facevano venire ancora più fame alla mamma quando ero dentro di lei, tu cosa facevi?????

Ah si, mi ricordo, tu stavi dietro e guardavi con il tuo telefono l'orario dei battelli.

Il telefono di papà è magico, trasmette sempre i battelli del suo lago preferito, il Lario (vedi papà che l'ho detto giusto!), e lui, appena mamma si gira, lo guarda.

Poi mamma gli chiede, mi stai ascoltando?

E lui dice di sì anche se non è vero.

ECCO COME MAI PAPA' NON SA COME FA IL COCCODRILLO!

☹☹☹☹☹☹☹☹☹☹☹☹

Comunque il cambio con mamma è andato benissimo, e di certo al prossimo cambio avrò una pecorella...non ci vorrà molto...sento già un certo umidiccio...quasi quasi piango un pò così Mamy mi mette una pecorella!

- *Mamma che fame, mamma non mi dai da mangiare?*

Eccoci, cambio effettuato e pecorella messa....che telepatia Mamy!

Adesso però...avrei un certo languorino...certo...appena si svuota il pancino, si crea del nuovo spazio, ed io vorrei riempirlo.....

Mamy, me lo dai il latte????

Mamy ha un latte buonissimo, caldo, sempre pronto.

E' davvero bellissimo prendere il latte da mamma, lei è sempre attenta, appena io la chiamo, lei mi prende tra le sue braccia, mi scalda, mi da un bacino sul nasino, e poi mi attacca al suo seno, che è grande e caldo, e pieno di latte squisito!

Mi piace tanto mangiare da Mamy, e poi lei mi aiuta sempre all'inizio…. sono un pò imbranato ad attaccarmi a lei, alla fine sono i primi giorni di vita anche per me!

Ma lei ha un sacco di pazienza, mi stringe forte, e mi tiene vicino a lei fino a che non ho mangiato tanto, e fino a che il mio pancino si è riempito tutto.

Poi stare così vicini è bellissimo, e io mi abbandono, cosa mai potrebbe succedere di male ad un cuoricino, quando e abbracciato alla sua mamma?

Di certo nulla, se non di addormentarsi, ma io cerco di non farlo, mi voglio davvero godere il momento.

Poi quando ho finito, mamma mi prende tra le sue braccia, si allaccia la camicetta, e poi mi appoggia al suo petto per farmi fare il ruttino!

Lei aspetta sempre che io lo faccia, poi mi da un altro bel bacino, e mi rimette nella culla, oppure mi tiene in braccio per farmi fare un pò di nanna.

Pare che i cuoricini abbiano bisogno di un sacco di ore di sonno, per riprendersi dalla fatica del parto, io invece sono nato con un taglio dal pancione di Mamy. Non ho fatto molta fatica, a parte lo shock di dover tutto ad un tratto respirare, ed avere addosso un sacco di gente che mi fissava….quindi non dormo molto…

Eccoci qui, sempre insieme.

Mamma sta cercando di farmi addormentare, e mi canta una canzone dolcissima, quella degli angioletti.

Pare che ci siano degli angioletti, che tutti insieme si prendono cura di un bambino, chiamato Gesù, che è nato in una stalla (chissà che freddo), e non in ospedale come me, e da una mamma, chiamata Maria (mamma dice che lei è la mamma di tutte le mamme).

È nato in una stalla quindi senza anestesia, chissà che male, e di certo Mamma Maria non aveva una valigia ben fornita come la nostra per preparasi al parto.

Cosa avrà messo al suo bambino quando è nato????

Qualcuno lo avrà aiutato???? Gli avranno dato un posto dove stare poi? Magari al caldo....una mamma ha tanto bisogno di caldo dopo aver partorito, mamma aveva sempre tanto freddo.

Meno male che Ogni Mamma ha del latte, la mia mamma ne ha tanto, così noi cuoricini possiamo mangiare.

Pare che Mamma Maria abbia dato alla luce il suo bambino più di 2000 anni fa, e io spero davvero che nessuna mamma, in nessuna parte del mondo, debba partorire al freddo in una stalla, o senza assistenza medica…certo sarebbe gravissimo!

Chissà perché lei e suo marito si sono messi in viaggio, se lei stava per partorire il suo bambino, certo doveva essere una cosa di vitale importanza….☺☺☺☺☺☺☺☺☺☺

Oppure il bimbo di Mamma Maria, è nato prima e all'improvviso come quello di Zia V, che ha fatto appena in tempo ad arrivare in ospedale con la macchina, per avere il suo A.

In ogni caso, la canzone parla di questa mamma, che va al mercato, e lascia il suo bambino addormentato, con dei baby-sitter angioletti, che devono essere alla prime armi (come la mia Mamy), perché appena Mamma Maria esce, il bimbo comincia a piangere, e loro non sanno mai che cosa fare….

E la canzone che mamma mi canta sempre parla di questo.

Dice che questa mamma è andata al mercato,

e ha lasciato il suo bimbo addormentato.

Pare lo abbia lasciato ad un angelo viola,

che pensa sempre ad ogni cosa……

..certo certo….fino a che il bimbo dorme, ma quando si sveglia e piange iniziano i guai.

Quindi dicevamo che ad un tratto si sveglia il bambino

E grida forte perché gli cresce (forse) un dentino.

Io non ho dentini quindi non posso commentare, ma pare che la crescita dei dentini sia un processo davvero lungo e molto doloroso, e poi a cosa mai serviranno questi dentini…il seno delle mamme è così morbido, non servono mica i denti per attaccarsi al seno della mamma.

Quindi l'angelo Viola non sa più cosa fare

E manda a chiamare gli altri angeli-sitter.

Quindi pare che per aiutare l'angelo viola, ci sia una mobilitazione generale. ☺☺☺☺☺☺☺☺☺☺

Arriva pronto prontissimo l'angelo lilla, il suo vice, che fa al bimbo una tazza di camomilla (che io ancora non ho provato ma pare che aiuti....)

Un angelo verde tace e riflette....ma non fa nulla (come il papà quando mi bagno) e pensa che forse il pannolino gli va un po stretto.

E qui lo capisco!

Mi è successo una volta, quando Mamy stava imparando a chiudere i miei pannolini, ha tirato troppo i gancini, ed il patello mi stringeva... che fastidio!!!!

In effetti il patello è un problema, non capisco... all'inizio è sempre bello asciutto, come la nuvoletta da cui guardavo mamma, e poi all'improvviso, inizia a farsi umidiccio ed appiccicoso.....che fastidio!

Allora io piango, e la mamma mi mette un altro patello, bello asciutto come il primo.

Cosa accada non lo so, ma in effetti piangere funziona.

Quindi è certo che il pianto fa asciugare il patello, ecco perché quel bimbo piange!

<u>Mamy, chiama gli angioletti, ho risolto il problema!!!!</u>

Ma poi mamma va avanti con la canzone, pare proprio che il problema non sia il patello.

Allora arriva un angelo d'oro, che prova a cantare con tutti gli altri angeli, qualcosa in coro per farlo addormentare.

Questa mi sembra una buona idea, mamma quando canta io di solito mi addormento.

In effetti però, ci metto un pochino, perché non è che mamma sia…beh…intonatissima, diciamo che la sua voce per me è la più bella del mondo, perché è la mia mamma, ma non canta bene come quelle dei dischi che ascoltavamo io e Mamy quando ero nel pancione….dischi di una certa Mina, che deve essere una cantante super, perché Mamy la nomina sempre…e le piacerebbe tantissimo saper cantare come lei, si esercita un sacco…..ma il risultato non è mai uguale a quello del disco. ☺☺☺☺☺☺☺☺☺☺☺

Forse anche questa Mina è un angelo…..oppure è l'unica voce che ho sentito che assomiglia a quella degli angeli.

Forse è un angelo cantante….come quelli della canzone di mamma, che comunque non sono nemmeno riusciti, nel frattempo a far addormentare il bambino.

Andiamo avanti e vediamo cosa succede…allora mamma canta….

C'è adesso un angelo bianco, che con l'altoparlante, chiama e informa ogni passante….uhm….informa di cosa…non mi sembra una cosa molto intelligente, già il bimbo piange, e tiri fuori l'altoparlante?

Poi un angelo giallo gli fa le smorfiette…mossa astuta vero? Dovrebbe dormire, e tu lo fai ridere????

Quando mamma vuole che io giochi, allora sì mi fa le smorfiette e dei grandi sorrisi, ma se vuole che dorma, mi abbraccia e canta.

Qualcuno ha abbracciato il bambino????

Sarà questo di certo....a me piace tanto tanto essere abbracciato, perché mi dà la sensazione di essere ancora nel pancione della mamma, come quando stava al calduccio dentro di lei.

Se mi abbraccia forte posso ancora sentire il suo cuore che batte, anche se meno forte di prima, ed il suo respiro mi culla.

Quindi ho risolto il caso, vai di abbraccio angelo-sitter!

Ma ancora non smette.....

Secondo me, è arrivato il momento di salire in macchina, andare al pronto soccorso, e fare un bel controllino, no????

Aspettiamo che il bimbo si senta male???

Dai su, in macchina!!!!

Invece gli angeli-sitter sono ancora lì, a pensare cosa fare....

L'angelo azzurro arriva e gli suona il violino, che bravo!

L'angelo blu gli massaggia il pancino...questa è davvero un'idea geniale!

Intanto un bel massaggio è sempre graditissimo! A noi cuoricini piace un sacco... ci fa sentire amati e coccolati, chissà che bello avere un coccol-angelo che ti massaggi il pancino.

Mamma lo fa sempre, e se ne fossi capace, le farei un sorriso super gigante e le direi che mi piace un sacco, e di massaggiarmi tutta la notte.

Ma il bimbo non dorme...

Questa canzone è davvero avvincente, non capisco come mamma possa pretendere che io dorma se lei mi canta questa canzone... sono davvero stanco, ma devo assolutamente sapere come va a finire!

Quindi niente violino, nè coccole.....

Cosa serve????

Alla fine, un angelo-sitter va a chiamare la Mamma Maria, e si scopre che il bimbo aveva solo un po' fame....

No dico, un gruppo di geni eh???? A nessuno è venuto in mente che avesse fame?

Non la sanno la sequenza di sopravvivenza di una giovane mamma??? ☺☺☺☺☺☺☺☺☺

Allora,

Pianto =

- Pappa
- Pannolino bagnato
- Ruttino
- Coccolina

Come hanno fatto a non pensare al punto uno?

Ogni volta che io piango, mamma segue la lista, e non sbaglia mai, è sempre una delle quattro cose in elenco.

Dilettanti…..

☺☺☺☺☺☺☺☺☺☺

☺☺☺☺☺☺☺☺☺☺

!!!

Ok, adesso che ho capito la trama, posso lasciarmi andare e dormire, sono un sacco stanco… speriamo che la mamma domani sera me la racconti ancora.

Notte mamma, grazie, tu sei bravissima, non come quegli imbranati degli angeli-sitter!

Baci baci

Cuoricino.

Ps: io a dire il vero sono ancora un pochino sveglio, ma Mamy è davvero stanca, quindi io chiudo i miei occhietti e faccio finta di dormire.

Lei adesso mi metterà nella culla e mi darà un bacio… mi piace tanto quando mi da i baci la mamma…. poi si stenderà sul lettone accanto a me e si addormenterà, ed io, prima di lasciarmi andare, la ascolterò respirare, lei deve essere esausta perché si addormenta sempre subito, senza che nessuno le canti una canzone...lo farei io se ne fossi capace.

Appunto per me: <u>ricordarsi di cantare a mamma una canzone ogni sera appena ne sarò capace</u>.... mamma se lo merita davvero, nessuno mi ama come lei, e nessuno ama lei come me, credo... ma certo io la amo già tantissimo, perché si prende cura di me tutto il giorno, mette i miei bisogni prima dei suoi, lei pensa che io non lo sappia, io invece me ne accorgo benissimo, e spero tanto che i miei occhi le dicano, ogni giorno, quello che le mie labbra ancora non sanno dire.

"il mio cuore di cuoricino batte per te , Mamy, ti voglio tanto bene, dormi pure, io veglierò su di te... fino a che non mi addormento!"

Grazie di amarmi ogni giorno. ☺☺☺☺☺☺☺☺☺☺

Senza mai smettere. ☺☺☺☺☺☺☺☺☺☺

Senza mai stancarti di cambiare il mio pannolino quando piango.

Senza annoiarti quando mi racconti le cose, e io non ti rispondo perché ancora non sono capace....

E per dirmi ogni giorno che mi ami.

Che mi ami più di tutti.

<u>*Baby blues, cosa c' è Mamy????*</u> 

Siamo a casa, io e Mamy insieme, come al solito.

Sono passati due giorni da quando papà ci ha portati a casa dall'ospedale.

Io e Mamy abbiamo già imparato a conoscerci, mangiamo insieme, cantiamo, dormiamo, balliamo, facciamo il ruttino...cambiano un sacco di pannolini!

Oggi però Mamy mi sembra un po' giù di tono....di solito mamma è sempre sorridente, potrebbe fare la pubblicità di un dentifricio, tra l'altro ha dei bellissimi denti, chissà che male quando le sono cresciuti, come nella canzone....

Dicevo che sorride sempre ,anche se è stanca oppure se io piango, o anche se mi ha appena cambiato....e io sono di nuovo bagnato...

È sempre felicissima di stare con me.

Oggi non sembra felice.

Sembra solo tanto stanca.

Poi ieri sera non si è fatta lo shampoo. Capisco che mamma è triste perché non si è fatta lo shampoo.

Io sono nato in Giugno, e fa caldo, e mamma di solito aspetta sempre che papà arrivi a casa per farsi la doccia con lo shampoo.

Oggi invece si è lavata solo di fretta, senza usare il doccia schiuma che mi piace tanto tanto, e che le rende la pelle morbidissima.

Poi siamo andati in cucina, al piano superiore, e mamma non ha mangiato molto….di solito ha un sacco di appetito, dato che mi da il latte si deve nutrire, e beve un sacco di succhi di frutta per tenersi in forse…oggi invece solo qualche boccone.

Allarme!!!!Mamma non si sente bene!!!!

Papà!!!!! Perché mamma non si sente bene????

Ci sono problemi? È colpa mia????

Poi sento mamma dire a papà che si sente un po' depressa…ma che forse è solo un po' di stanchezza e di poco sonno….io oggi cerco di essere bravo allora, e di non disturbarla.

La mattina dopo, Mamy è ancora giù, allora arriva nonna per aiutarla un po' con me.

Mamma sembra davvero felice di vederla, nonna mi prende in braccio, e da a mamma il suo giornale preferito da leggere.

Questo regalo sembra mettere Mamy di buonumore, e comincia a sfogliare il giornale…

Trova un test: ***baby blues, misura il tuo grado di stress post-parto.***

Di certo mamma farà il test, dato che è una grande appassionata, ed io mi metto vicino a lei con la nonna.

Vediamo cosa segna, magari mi aiuta a capire un po' mamma in questi giorni, e a darle un pò di aiuto.

Iniziamo il test.

In pratica bisogna rispondere alle domande con:

- Raramente

- Qualche Volta

- Spesso

- Quasi Sempre

Domanda nr 1

Vai mamma che lo facciamo insieme, così vedo, se per caso, mi sento depresso anch'io!

La mattina quando ti alzi dal letto, non hai voglia di fare nulla

Mamma sceglie ● Qualche Volta

In effetti la mattina mamma sembra già stanca, eppure passiamo delle belle notti insieme…sempre sveglie, io in braccio a lei….mi sembra così energica quando mi culla….

Passiamo alla seconda domanda

Domanda nr 2

La sera, ti senti, generalmente meglio:

Mamma sceglie ● Qualche Volta

Ma come Mamy????? La sera? La sera non è più il nostro momento preferito???? Quello in cui rientra anche il papà, ti fai lo shampoo con le mille bolle, e quel profumo buono buono….e poi esci sorridendo, mi dai un bacetto, e poi resto sulla mia sdraietta viola e lilla, con il leoncino che gioca che mi guarda, e accendi il phon, con il diffusore, e ti asciughi i capelli che diventano bellissimi e sofficissimi, e poi me li metti vicino, e li annuso, ed è bellissimo????

175

Certo che la sera ti senti meglio, no??? Mamy????

Io la sera mi sento sempre meglio!

In realtà con te mi sento sempre benissimo! Ti amo così tanto!!!!

Domanda nr 3

Ho crisi di pianto, o avrei voglia di piangere

Mamma sceglie● Spesso

Spesso????? Mamma???!!!???

Oddio mamma ha voglia di piangere?

Anche a me, a dire il vero, capita di aver voglia di piangere, mi capita quando:

- ho il pannolino bagnato
- ho fame
- il leoncino della sdraietta non dondola
- il cane di fronte abbaia, e fa rumore
- ho sonno
- voglio la mamma
- il pannolino è stretto
- non vedo la mamma perché sono sdraiato
- devo fare il ruttino ma non riesco
- mi scappa la cacca

…forse mi sento depresso anch'io….. io sceglierò: ● Spesso

Come la mamma. Forse anche la mamma ha fame, ha sonno, deve andare in bagno, è stanca…..

Domanda nr 4

Hai voglia di coccolare il tuo bambino?

Mamma sceglie ● Spesso

Meno male… cominciavo a preoccuparmi…. ma mamma ha segnato spesso, quindi mi vuole ancora bene, anche se è tanto stanca.

Il test alla fine, evidenzia proprio questo, che mamma non ha questo baby blues, blues come la canzone???? Ma sta solo attraversando un momento di stress e di stanchezza… forse ha bisogno di stare più tempo con me in braccio di notte a cantare la canzone degli angioletti…

Poi Mamy non conosce solo quella canzone, mentre palleggiamo sulla nostra palla azzurra, lei mi canta un sacco di canzoni.

La mia preferita, subito dopo quella degli angioletti, è quella dell'elefante.

Pare infatti, che ci siamo due elefanti, quelli dell'Africa, grandi come quelli che papà guarda sempre su discovery channel, canale dove gira appena mamma si addormenta, che si dondolano.
Ma…attenzione, il bello è che si dondolano sopra un filo di ragnatela…. o mamma… ma come fanno???

Ho visto una ragnatela dal pancione di mamma lo scorso inverno, mamma urlava qualcosa, e papà la toglieva in tutta fretta, e non mi pare che un elefante così grosso possa dondolarsi sopra quel filo…

Ma la canzone dice che è così, quindi deve essere vero per forza.

Poi, ascoltate bene, pare che dondolarsi per gli elefanti sia davvero divertente, e quindi questi due elefanti vanno a chiamare un altro elefante….

In tre???? Ma quanto peserà un elefante? Io ho sentito spesso dire da mamma, che pesava come una balena (animale blu che pare viva nell'oceano), e deve essere già lei un sacco pesante, perché mamma diceva sempre di essere una balena, ogni volta che sotto il pancione, la bilancia segnava più di 70kg.

Quindi una balena pesa più di 70kg, quindi quanto peserà un elefante?

Almeno 71 kg, cioè 50 cuoricini almeno…..50 cuoricini non potrebbero mai stare tutti insieme sopra un filo di ragnatela…quindi come fanno a starci 3 elefanti???

Questa canzone ha davvero poco senso, se pensate che poi gli elefanti diventano quattro… cinque…. sei… e poi?????

Andrà a finire che cadranno tutti.

Gli elefanti diventano sette, poi non lo so più perché di solito a sette mi addormento… ma per quello che ne so, potrebbero diventare 1000!!!!!

<u>Mamy ed io partiamo per il mare con il Sig. Papà</u>

Settembre. Tempo di vacanze. Io ho da poco compiuto 3 mesi, e mamma ha chiesto a papà di portarci in Liguria al mare.

Pare che in Liguria il clima e il mare siano davvero adatti ai cuoricini, perché mamma dice sempre che dobbiamo prenotare lì, perché per me va benissimo.

Mamma è dolcissima, e pensa sempre a me.

Prima di partire, mamma dice a papà di controllare bene la macchina, dove fino ad ora sono salito, dentro al mio ovetto color tortora e azzurro, bordato da un filo d'argento, tutti i giorni, ma per poco tempo.

Oppure per fare un sonnellino.

L'ovetto è un posto meraviglioso per fare il sonnellino, infatti, lì dentro, dopo che il papà mi ha allacciato bene la cintura, mi sento caldo e avvolto, e poi il rumore della macchina mi culla, e mi lascio andare.

Quando mamma è sfinita, di solito papà mi veste, e partiamo nell'ovetto per fare un bel giretto insieme.

Mi piace viaggiare, non piango mai, e non vorrei mai scendere... mi faccio di quei sonnellini.

L'idea di andare al mare in macchina, quindi mi piace un sacco.

Speriamo che mi mettano nell'ovetto, così io mi faccio una bella dormita per tutto il viaggio.

Sarà lontana questa Liguria? Sarà più lontano che andare dai nonni????

Vedremo.

Mamma allora prepara la valigia per me e per lei, una valigia grandissima per me, ed una piccola per lei.

Credo che il papà si faccia da solo la sua, perché mamma gli ha detto "solo l'essenziale, non cinquanta camicie come al solito"…

Pare infatti che papà si metta sempre un sacco di camice nella valigia per andare al mare, ma mamma gli ha detto che questa volta non c'è abbastanza spazio.

Io invece avrò di certo le mie cinquanta camicie, perché mamma apre una valigia grandissima, ancora più grande e bella di quella che abbiamo usato per andare in ospedale, e ci mette dentro un sacco di cose.

<u>Check list organizzativa di mamma prima della partenza:</u>

- ✓ Culla

- ✓ Passeggino

- ✓ Ovetto con ruote per le passeggiate (bello)

- ✓ Seggiolone per darmi la frutta (vi ho detto che adesso mangio anche un pò di frutta???? Mamma la intervalla alle poppate. Prendo sempre un po' di mela, di pera…e se sono un po' costipato, mamma va giù di prugna….

dopo la prugna serve sempre un super-cambio di pannolino in emergenza! Ma mamma sembra sempre felice di farlo! Anche se mi dice " ma che spusetta amore!" Poi mi cambia , mi lava il culetto con tanta acqua, e mi da un bacetto!

✓ Super valigia di vestitini, sono un piccolo cuoricino ma mi servono davvero un sacco di cose..... ci sono i vestitini leggeri nel caso faccia caldo, quelli leggeri ma lunghi per le passeggiate serali, quelli semi-pesanti nel caso ci sia un pò di vento... e quelli pesanti nel caso malaugurato che decida di fare qualche giorno di pioggia.

Dunque, moltiplichiamo tutte queste tipologie di vestitini per 7 giorni, e ca 2 cambi al giorno (cerchiamo di essere ottimisti).

Risultato?

Due valigione piene delle mie cose, è sì... alla fine ne sono servite due... a cui si aggiungono un sacco di pannolini, che mamma porta da casa perché è fissata per una certa marca (quelli con la pecorella) che ha paura di non trovare in giro... non sia mai che si irritasse il culetto proprio in vacanza!!!! ☺☺☺☺☺☺☺☺☺

✓ Poi ci sono tutti gli accessori per il cambio e per il bagnetto

✓ Il corredino di cotone per la notte con relativa copertina di piquet abbinata, e portiamoci anche quella di pile va...che non si sa mai...

Bene, mi pare che mamma abbia messo tante cose per me. Poi prepara velocemente la sua piccola valigetta, mette solo dei costumi, dei parei, due paia di pantaloni lunghi rosa e bianchi, due gonne, due calzoncini e delle magliette.

Mi sembra che mamma abbia portato poche cose per lei… e anche la valigia del Sig. Papà è davvero piccola.

Poi capisco il perché, mamma e papà hanno lasciato tutto lo spazio nella macchina per me… che carini!

Papà organizza il bagagliaio come se tutti i pezzi si potessero incastrare perfettamente, e toglie e mette le cose un sacco di volte, per far entrare tutto.

Io mamma ci mettiamo sul divano a guardare la tele.

Poi papà dice che tutto è pronto, quindi partiamo!!!!!

Papà sembra già stanco…..ma mi mette sul mio ovetto, mamma si siede dietro con me per farmi compagnia, e partiamo… io ho già un po' di sonno… e mi lascio andare….

Il viaggio è lungo…. e avrei un bisognino da fare…. ma cerco di trattenermi perché non siamo a casa, e so che mamma odia fermarsi nel posto chiamato autogrill.

…come non detto…

Ci fermiamo in autogrill per il cambio.

In realtà, visto da fuori non sembra tanto male questo autogrill, tutto rosso e colorato.

Ci sono un sacco di macchine fuori, e tante persone che entrano.

Dentro è davvero bellissimo! Chissà perché mamma non si voleva fermare!!!!

Ci sono dei bagni grandi, dove mamma e papà mi cambiano il pannolino (grazie, ci voleva), e poi mi lavano.

Poi mamma si siede su un tavolo, e mi da un pò di frutta (mela…oggi la prugna è meglio evitarla, vero Mamy???), ed io la mangio volentieri… mi sento un pò vuoto.

Poi mi guardo intorno!

Ci sono un sacco di cose colorate, e tantissime cose da mangiare, che devono essere buonissime.

Papà e mamma prendono un panino.

Dicesi panino, un pane giallo, con dentro del rosso e del verde, e del prosciutto. Tutti qui mangiano un panino e poi bevono un caffè.

A me e mamma il caffè non piace, quindi mamma non prende nulla, io invece berrò il latte, ma dopo, in macchina al calduccio.

Mentre usciamo, mamma si ferma a guardare un sacco di cose, ma papà non le fa comperare nulla,

- tranne un giornale,
- delle brioches
- un cioccolato
- gli smarties
- degli occhialini da sole per me, fatti a cuoricino

- un peluches a delfino, sempre per me
- delle cicche per mamma
- dei dolcetti per papà
- dei fazzolettini,
- un settimanale per mamma
- le parole incrociate (facili per mamma e difficili per papà)
- un topolino
- il giornale di antonella per le ricette del mare
- un gelato per mamma
- il cornetto alla panna per papà
- un paio di braccioli per mamma, con sopra una micetta rosa
- i tuc, che mamma vede dopo e papà deve tornare indietro a prendere
- un libro per la spiaggia per mamma, uno che parla di certe sfumature… non ho capito bene… insomma un libro che mamma vorrebbe leggere sotto l'ombrellone
- un'altra confezione di smarties, mamma dice a papà che una forse non basta

- un lecca-lecca gigante per mamma

- le *madelaine*, un dolcetto francese che mamma adora, pare che siano morbidissime. ☺☺☺☺☺☺☺☺☺

Chissà perché mamma non si voleva fermare…. in fondo poi, mi pare che le sia piaciuto…

Attenzione, mamma sta rientrando, e papà mette una mano sulla fronte.

Pare che mamma si sia dimenticata delle cose fondamentali, certo queste cose devono trovarsi solo nel posto chiamato autogrill, altrimenti mamma non sarebbe rientrata.

Mamma prende:

- un secchiello, con palettina, dice che è per farmi giocare in spiaggia, bello, rosa con anche un innaffiatoio...di certo in spiaggia ci saranno dei fiori, perché ho visto usare l'innaffiatoio a papà tante volte in giardino, quindi la spiaggia sarà piena di fiori come il nostro giardino...ma ci sarà anche un certo mare vicino... che in giardino non c'è.
- un canottino, per farmi fare il bagnetto (nel posto mare)
- un cappello di paglia per lei
- un berretto per papà
- un cd...☺☺☺☺☺☺☺☺☺☺

Poi esce di corsa e papà ridendo le dice: "ci sei andata leggera vedo...." Ma poi le sorride, come lo vedevo fare dalla mia nuvoletta, quando erano a Milano, e la aiuta a prendere le borse.

Il posto autogrill....*ci piace!!!!*

Dopo la sosta in autogrill riprendiamo il viaggio, io dormo un po'... dopo tutte queste emozioni mi merito un po' di riposo.

Quando mi sveglio siamo quasi arrivati , mamma mi fa un bel sorriso, e mi dice di guardare fuori dal finestrino, che c'è il mare.

Io guardo fuori dal finestrino, come mi ha detto mamma, ma vedo solo un sacco di acqua azzurra.

Forse il mare è fatto di acqua azzurra.

Poi mamma mette il cd che abbiamo comperato all'autogrill.

Parte una canzone bellissima…. ☺☺☺!!!!!

Mamma mi dice di ascoltarla bene, così da grande imparo l'alfabeto…la canzoncina comincia:

La A parla di un anatroccolo che non sa volare

Allora, analisi del testo: Anatroccolo, lo conosco? Sì, animaletto giallo con becco arancio. Mamma me lo ha fatto vedere al parco di Legnano, me lo ha indicato dal mio ovetto, pare che faccia qua qua.

la B parla di una banana, buonissima con la buccia

Uhm….. banana… mi piace tanto mamma, è quella che mi dai con il cucchiaino poco alla volta….

La lettera C parla di una chitarra suonata con amore

Come quella della mamma, mamma suona la chiatarra, ma non tanto bene.
La D è un desiderio nascosto, come quello che noi cuoricini abbiamo quando aspettiamo la nostra mamma su nel cielo.

E è un l'emozione

Emozione…. emozione è quella cosa che si prova quando si riceve un bacetto, oppure quando la mamma ti prende tra le sue braccia e ti dice che ti ama tanto, e tu, dall'emozione, fai la pipì.

L'emozione è fare la pipì in braccio alla mamma mentre ti abbraccia! Capito!!!

F come finestra

Come quella della mia cameretta, grande che da sul balcone, e se allunghi il braccio puoi toccare il ciliegio, mi piacciono le finestre, perché fanno entrare la luce di giorno, e di notte, o di sera, fanno entrare un pochino di luce attraverso la persiana, ma solo poca poca, così si formano dei bellissimi disegni sul muro, e tu puoi immaginare che siano quello che vuoi, una giraffa, un elefante, oppure una mamma.

La luce forma mille colori diversi, e tu li guardi con i tuoi occhietti, e poi ti giri e vedi il viso della mamma che ti sorride… che bello, finora la f è la mia lettere preferita *in assoluto*, perché mi ricorda lo sguardo dolce della mamma. ☺☺☺!!!!!

Poi viene la G che è la lettera del gelato… uhm…. deve essere buonissimo il gelato, come un omogeneizzato ma più cremoso, so che è buono, perché mamma quando va al lago con il papà, prende sempre un cono gigante, e poi lo lecca mentre passeggia, ed io, nel pancione assaggiavo un pochino di gelato anch'io, e mi sentivo davvero felice.

Poi arriva la lettera H , che pare non assomigli a nulla

*La I è un'isoletta …*Come quelle in mezzo al mare, circondate dal mare azzurrissimo! Sììì!!! Come in quel programma che guardava sempre papà mentre mamma faceva il sonnellino la domenica pomeriggio….

La L è bella, perché parla di un bel libro …ancora da sfogliare

Il libro è bellissimo, papà e mamma hanno un sacco di libri sugli scaffali. Ieri mamma, prima di partire, stava riordinando, ed ha trovato i suoi vecchi libri delle favole.

Mi ha detto che li metteva in bella vista sullo scaffale più alto, e che poi li avremmo letti insieme. Io non so leggere, ma di certo mamma leggerà per me una fiaba ogni sera, quando sarò più grandicella, vero Mamy??? ☺☺☺!!!!!

Mi leggerai la tua preferita, la fiaba di cenerentola, quella dove la principessa ha una bellissima carrozza a forma di zucca.

Oppure Biancaneve, che ha per amici i sette nani, uno dei quali è disegnato sul mio pagliaccetto da mare….i libri sono belli, dice mamma, perché contengono sogni inespressi.

Significa che se leggi un libro 1000 volte, può essere 1000 volte diverso, perché lo leggi con gli occhi del cuore e della fantasia.

Mentre leggi, tutto si anima e prende vita, e si riempie di colori bellissimi… non ci sono regole, non ci sono copioni da seguire, un libro è la guida per la tua immaginazione, puoi fare tutto con un libro, un libro può diventare un vero amico, un posto dove rifugiarsi, oppure dove portare i tuoi amici, o la tua mamma.

Un libro è un ricordo, una farfalla che sbatte le ali e rilascia una polverina magica, un batuffolo rosa profumato…

.

Un libro è tutto un mondo che è li, da sempre, pronto per essere scoperto.

Questo dice mamma, quindi deve essere vero.

Non vedo l'ora di leggere un libro con mamma, forse un giorno io e mamma avremo un libro nostro, dove racconteremo, a modo nostro, tutte le nostre avventure, dove descriveremo le cose che facciamo, in modo tale da farle vedere agli altri come noi le vediamo, oppure in modo diverso, come vuole vederle chi le legge, ecco la vera magia di un libro.

Ma la canzone continua, è davvero una canzone bellissima, bella come quelle che mamma mi faceva ascoltare nel pancione, ma adesso capisco più cose quando ascolto una canzone…☺☺☺!!!!!

Poi viene la *M è il colore e sapor del mandarino*

Il colore del mandarino è l'arancio…. non è un colore che mamma usa perché dice che "la sbatte giù"… non capisco come questo possa accadere, dato che mamma è sempre piena di luce… ma forse guardare la mamma è come leggere un libro… ognuno la vede in modo diverso.
Poi la N

N come…come il mio nasino! Che mamma riempie sempre di baci, tanti baci, e dice che è bellissimo e all'insù…quindi se lo dice lei deve essere molto carino…

Segue la lettera O

come orso, orecchio (grande come il mio) o un orsacchiotto per giocare.

P è la pianta che cresce il giardino dopo che hai piantato un semino.

Mamma il mese che sono nata ha piantato una rosa rosa, dice che è bella e delicata come me.

La rosa, si sa, è il fiore preferito della mamma, la rosa bianca, ma io sono come la rosa-rosa.

Papà invece ama i narcisi, ma quelli metà bianchi e metà gialli, e i tulipani, di tutti i colori.

Poi, viene la Q come quadrifoglio

Come quello che trovo con la mamma quando mi porta a fare la passeggiata nel mio ovetto, per farmi prendere un po' di sole e di aria fresca.

Pare che il quadrifoglio porti davvero bene, mamma ne ha anche messo uno schiacciato e secco nell'album delle mie fotografie, quelle di quando ero ancora nel pancione....ma io lo preferisco fresco nel prato, insieme alla sue amiche margherite, che hanno tanti capelli bianchi che svolazzano al vento. I fiori sono tutti belli in realtà, come gli angioletti e i cuoricini.

Subito dopo la Q viene una certa R

R come rosa, il fiore preferito di mamma.

R come rosa, il colore preferito della mamma, e anche il colore del fiocco gigante che mamma ha appeso sul letto in ospedale, con il pony, e poi quello che ha appeso in camera da letto, quello appeso in salotto, quello appeso sul portoncino di casa, ed infine quello appeso sul cancelletto di ingresso della nostra casa.

Dimenticavo! C'è anche quello appeso davanti a casa dei nonni, e al lavoro da papà, poi quello della macchina di mamma.

Accanto al fiocco rosa sulla macchina di mamma, Mr. Silver, c'è anche un adesivo con scritto sopra, Ingrid a bordo, ed il nome è circondato da un piccolo triangolo rosso, con sopra disegnata una faccina sorridente.

Che carina Mamy, vuol far sapere a tutti quelli che percorrono la stessa nostra strada, che io sono arrivato, e che sono a bordo!!!!

SSSIIIIIIIIIIIIIIII!!!!!!!!!! ☺☺☺!!!!!

Sono a bordo Mamy!!!!!!!!!!!!! ☺☺☺!!!!!

Saliamo su Mr. Silver, ed andiamo in giro per il mondo.!!!! ☺☺☺!!!!!

Io e te, sempre insieme. ☺☺☺!!!!!

Ma torniamo alla canzone, dato che adesso siamo sulla macchina di papà.

In effetti papà sulla sua macchina non ha messo l'adesivo, Ingrid a bordo…. eppure io sono in macchina…. devo dirlo a mamma appena riesco.

Papà si è certamente dimenticato l'adesivo! Come si potrebbe non desiderare l'adesivo sulla macchina????

Ecco la lettera S . S come un sogno, S come il nome della mamma!!!!

La S è la lettera più bella del mondo.

S come Stefy, ma per me lei è M come Mamma.

poi, *T è il tesoro nascosto in fondo al mare*

…ecco dove andiamo, al mare!

Io, <u>*M come Mamma,*</u> e papà andiamo al mare, forse anche noi troveremo un tesoro, chissà cos'è un tesoro!... se lo troveremo, certo mamma me lo farà vedere e mi spiegherà a cosa serve.

A volta papà, ora che ci penso, dice tesoro a mamma.

Quindi mamma sarebbe:

S come Stefy,

M come Mamma,

T come Tesoro....

Uhm... sono un po' confuso..... di certo Mamy farà chiarezza su questo tesoro una volta arrivati al mare.

La U, poi è l'ulivo, come quello che abbiamo nel retro del giardino

e la V è la lettera del vento, so cos'è il vento, è quello che ti fa mettere il cappellino quando sei fuori a fare la passeggiata, ogni volta che mamma dice che c'è vento, poi arriva il cappellino rosa con il pizzo bianco, e sopra le fragoline ricamate.

Quindi la V significa che ci si deve mettere il cappellino!

Poi la canzone dice: *Manca una sola lettera tra tante*
e tra tutte quante è la più importante
Z come zucchero per il bimbo mio, zucchero è il bene, che ti voglio
io...

Che bella questa canzone!!!!! Di certo sarà famosissima, e la canteranno tutti i bambini del mondo, perché parla di cose bellissime. Anche quella degli elefanti è bella, ma questa mi piace decisamente di più.

Adesso la canzone è finita, ma tanto noi siamo arrivati!!!!!

Il nostro residence è bellissimo, direttamente sul mare, mi piace il rumore che fa il mare, è molto rilassante, penso che farò un pisolino….

Uhm…

Eccoci al mare!

Rieccomi sveglio…

Mi sento proprio riposato, adesso piango così mamma mi sente e mi viene a coccolare…. Mamma è papà mentre dormivo hanno scaricato la macchina, montano il mio lettino e messo a posto tutti i miei vestitini….

Di certo si sono annoiati senza di me, quindi adesso che sono bello arzillo mi faccio un po' sentire…. ecco… ci sarebbe anche il pannolino bagnato, Mamy… e poi vorrei un po' di latte, e magari anche un po' di frutta…quella alla banana magari!

Mamma capisce subito di cosa ho bisogno, mi cambia il pannolino e mi lava, mi mette un pannolino con la pecorella (evvai!!!), e poi mi da il latte.

Buono…..

Però non ho avuto la frutta, si vede che non è il momento giusto, in effetti il momento frutta e latte difficilmente arrivano insieme…

Ok, sono pronto! Mamma dice che adesso possiamo andare in spiaggia!

Dicesi spiaggia il posto prima del mare.

Arriviamo e ci danno un ombrellone, due belle sdraio…. due???

Mamy, guarda che ci hanno dato una sdraio in meno, io non avrò una bella sdraio-lettino per stare con voi in spiaggia?

Pare di no….

Meno male che Mamy mi mette sulle sue gambe, e mi coccola.

La spiaggia mi piace, ci sono tante persone, tutte senza vestiti, e dopo la spiaggia c'è il mare. Mamma indossa un costume bianco, che sta benissimo sulla sua carnagione scura, e sopra un pareo rosa, è davvero carina! Penso che sia la mamma più bella di tutta la spiaggia!!!! ☺☺☺!!!!!

Poi, mi accarezza, tira fuori il giornale che abbiamo comperato questa mattina in autogrill, e comincia a leggere.

Io mi appoggia al suo petto e me ne sto qui tranquillo, papà dice che va a fare una passeggiata, ma noi restiamo all'ombra sotto l'ombrellone.

Che profumo buonissimo!!!!! Mamma cosa ti metti addosso????

Uhm…

Pare che mamma per andare in spiaggia si metta del latte solare, che protegge… di cosa sa???? Anche io vengo spalmato sul faccino e le gambine e le manine con un latte solare, ma diverso da quello della mamma. Era meglio quello di mamma, aveva un profumo più buono. ☺☺☺!!!!!

Poi mamma sorride, sfoglia qualche pagina del giornale e mi dice, *meno male amore che anche quest'anno si usa il kafkano! Così mamma copre la pancetta post-parto, eh amore???? Di chi è la colpa se mamma ha la pancetta???? Chi è che stava bello comodo nel pancione, mentre mamma scofanava del tutto???? Di chi è la colpa?*

Mamy…sarà mica colpa mia…no vero? Mamy?

Mi è venuto il magone…

Ma poi mamma mi sorride, e mi prende tra le sua braccia, mi da un grosso bacio e mi abbraccia…quindi di certo non è stata colta mia se mamma dice che la sua pancia è più grande di prima.

Comunque pare che questo kafkano risolva la situazione, quindi io sono felice per mamma.

Evviva il kafkano!!! (anche se non so cos'è, piace a mamma, quindi di certo sarò ok!)

Poi mamma dice:

facciamo un test insieme amore???

Mamma ama davvero tantissimo fare i test sui giornali, allora li faccio anch'io. Sono sempre divertenti, e poi imparo tante cose su di lei.

Allora…

Test Vacanze estive…*sei un tipo da campeggio o da albergo???*

Mamma mi chiede, ci piace amore????

Ci piace Mamy! Faccio questo test insieme. ☺☺☺!!!!!☺☺☺!!!!!

Domanda 1: Se vincessi la lotteria di ferragosto, come spenderesti la vincita?

a) Comprando un jet, per fare un giro intorno al mondo
b) Trasferendoti a Londra, appartamento sul London Thames
c) In divertimenti, dopo aver acquistato delle proprietà

Mamma di certo risponderà b.

Capire perché è facilissimo. Mamma odia volare, si sente sempre male in volo, oltre ad avere costantemente paura che l'aereo cada.

Quando ero nel suo pancione, siamo andati a trovare lo zio Pl. e la zia Rb. a Londra, solo mamma ed io. Abbiamo preso l'aereo, e mamma è stata tesa tutto il tempo, non ha mangiato ne bevuto nulla…per un'ora intera!!!! Il che è un record personale quasi ineguagliabile da quanto ci sono io nel pancione!

Si è dovuta alzare solo due volte per fare la pipì, e le signorine "yes Miss", che si chiamano così perchè rispondevano sempre a Mamy yes Miss, qualunque cosa lei chiedesse, l'hanno sempre aiutata.

Quando siamo scesi dall'aereoplano, Mamy è corsa in bagno per rimettersi in sesto, ma ancora non stava bene… e poi mi ha detto "meno male tesoro che siamo con i piedi per terra"… se il Signore avesse voluto farci volare, ci avrebbe dotato di ali! Belle grandi!!!!

Lo so Mamy…ma le ali vengono date solo ai cuoricini, per muoversi da una nuvoletta all'altra, su nel cielo, poi, quando arriviamo da voi, le ali si spostano, e restano sul nel nostro cuore di bimbo, e se cerchi bene, vedrai che anche il tuo cuore ha ancora delle ali. Serve per farlo volare quando si è davvero felici! Il mio di certo le ha ancora, perché ogni volta che mi sorridi, le ali fanno volare il mio cuore!

Pensa a quando ci guardiamo… e ti sorrido… il tuo cuore non diventa più leggero???? ☺☺☺!!!!!

Certo che sì! Lo vedo dai tuoi occhi, questo significa che il tuo cuore sta volando, Mamy!

Poi siamo andati subito a mangiare un bel super-muffin gigante, alla crema di limone con scorzetta di arancia candita, con un super frappuccino doppio con doppia panna e cannella, queste infatti sono le cose che mamma ama di più mangiare, quando siamo nel posto Londra, e poi davvero Mamy si è sentita meglio.

Quindi:

- Jet, non ci piace…

- Muffin con frappuccino…ci piace!

Quindi il jet non mi sembra una grande idea.

Mamy sceglie, come previsto, la b)….. quando si parla di Londra non c'è storia, mamma la ama pazzamente, ama i posti, le persone, il London Thames…. figurati se non si comprerebbe un bell'attico in centro, da dove vedere ogni mattina il London Eye, che pure si vedeva dal cielo! ☺☺☺!!!!!

Poi mamma dice sempre che Londra è la città che le assomiglia di più… è eclettica (*spero di averlo detto giusto*), giovane, dinamica, sempre diversa ma con tante tradizioni, verde, piena di musei, tra cui il suo preferito al mondo, La National Gallery, che contiene il suo autore-pittore preferito, che è Renoir, ed il suo quadro preferito al mondo, La dama con l'Ombrello, che contiene la sfumatura di viola e azzurro-indaco del colore che mamma ama più di tutti, ed è solo secondo al rosa.

Mamma potrebbe svegliarsi ogni mattina, se avessimo una casa sul London Thames, ed andare alla *National Gallery* tutti i giorni, come faceva durante il nostro viaggio, fare lì la prima colazione, bere un bel tè al bergamotto, e poi sedersi davanti al quadro almeno per due ore.

Mamma dice che ogni volta che guardi quel quadro, diventa sempre
più bello. Allora io guardavo con lei il quadro, per tutto il tempo che
riuscivo, prima di addormentarmi… sapete com'è… con il pancino
pieno di muffin…

Mamma sarebbe felicissima a Londra, quindi b), confermiamo!

Domanda 2: se ti trovassi davanti alle cascate del Niagara

Oh mamma… questa domanda non ci voleva….. le cascate del
Niagara sono piene di… acqua!!!!

Vi ho mai detto quanto mamma odi l'acqua? Voglio dire, l'idea che mamma ha dell'acqua equivale ad un lungo bagno caldo nella vasca, pieno di bolle e con la musica soffusa. Li faceva sempre quando ero nel pancione, e ci divertivamo tanto. Mamma prendeva una spugna e faceva cadere dei rivoli d'acqua sul pancione, e mi faceva tanto il solletico! Poi massaggiava con una spugna e del sapone. Era bellissimo, e poi il sapone faceva un sacco di bolle… coloratissime!

PRO-FU-MA-TIS-SI-MO, tutto il pancione, ed io mi beavo di quel momento di coccole tutto per noi… ☺☺☺!!!!!

Questo significa acqua per lei…

Mamma odia tutto il resto che riguardi l'acqua; la piscina, per esempio, perchè è fredda e puzza di cloro, io non so cosa vuol dire, ma lei ha risposto così al nonno quando ci ha suggerito di frequentare un corso di acquaticità, dove pareva che dovessimo nuotare insieme, io e mamma, in questa piscina fredda, ma alla fine non ci siamo andati, ma va benissimo così, perché io non sono mica sicuro di saper nuotare… poi se mamma dice che non le piace… non le piace e basta! Non piace nemmeno a me! Ecco!

Mamma non solo non ama l'acqua della piscina, ma nemmeno la pioggia, che pare sia fatta di acqua… Quando piove, è sempre di cattivo umore, dice che quando piove è perché gli angeli sono tristi. In effetti quando piove, il cielo non è più azzurro, ma grigio, e tutto si fa cupo anche su nel cielo. A volte ci sono dei lampi, che fanno paurissima, e dei rumori fortissimi. Quindi non solo l'acqua non ci piace, ma deve essere anche pericolosa… Noi cuoricini guardiamo dall'alto delle nostre nuvolette quando piove, e non ci piace molto… le persone vanno in giro tutte di fretta, nessuno si ferma a chiacchierare con nessuno, e tutto il mondo si colora di piccole macchioline colorate, di tutti i colori dell'arcobaleno, che si muovono e si toccano tra loro. Le macchioline si aprono, poi si chiudono, come in una danza di farfalle...le macchioline, vengono chiamate da mamma ombrelli.

Quindi quando piove, mamma apre una macchiolina-ombrello rosso, per andare in giro.

Mamma odia anche l'ombrello, prima di tutto, dice, che è difficilissimo abbinarlo ai vestiti che porta, e poi dice che lo lascia sempre in giro, pare che una volta mamma sia stata anche derubata da uno sconosciuto del suo ombrello.

Sì, Sì, ho sentito che raccontava a papà di averlo lasciato fuori da un negozio, dove era entrata per comperare un vestitino per me, e quando è uscita non ha trovato più il suo bellissimo ombrellino rosso, quindi ha dovuto correre fino alla macchina **SOTTO LA PIOGGIA**! In mezzo al freddo ed al pericolo, senza nessun riparo!!!

Perciò,tutto ciò che è freddo e umido non le piace.
☹☹☹☹☹☹☹☹☹☹☹☹☹☹

Figuriamoci quindi se le verrebbe in mente di andare a visitare le cascate del Niagara, dove c'è più acqua che nel resto del mondo… avrebbe di certo freddo e paura, con tutta quell'acqua.
☹☹☹☹☹☹☹☹☹☹☹☹☹☹. Probabilmente finirebbe per affogare…. quindi la domanda mi sembra infelice, vediamo se almeno c'è qualche opzione di risposta che ci salva:

risposte:

    a)   Ti spaventa per l'imponenza della portata d'acqua
    b)   Ti fa venir voglia di tuffarti sotto il getto
    c)   Ti fa scappare a gambe levate, forse potresti fare una foto

Direi che io e mamma metteremo c).

Non voglio nemmeno commentare la b), che mi sembra un'opzione da incoscienti, chi mai potrebbe aver voglia di tuffarsi sotto una cascata???? Cosa credono, non è mica come tuffarsi nella vasca.
☹☹☹☹☹☹☹☹☹☹☹☹☹☹☹☹☹☹

No, dico, anche un nuotatore espertissimo, secondo me morirebbe gelato, poi papà ha detto che non si può nemmeno arrivare sotto, ma ci si deve tenere a distanza di sicurezza, e si accede alla cascata solo con dei battelli apposta.

Quindi figuriamoci, barca + acqua = non è posto per mamma!

Prendiamo quindi la c) quella con la foto (<u>fatta da lontano</u>).

Domanda 3: Gita a Venezia ,Italia: preferiresti

Ecco, già questa domanda mi sembra più oppurtuna… si parla sempre di un posto con l'acqua, ma so che a mamma Venezia piace tanto. ☺☺☺☺☺☺**wwww**☺☺☺☺☺

Lo so di certo, mentre aspettava che nascessi, mamma sfogliava gli album di fotografie (lei ama tantissimo fare le foto, ne fa un sacco anche a me!), e nell'album c'erano delle foto che lei e papà avevano fatto a Venezia. Mamma rideva in quelle foto, quindi di certo era felice. Poi mamma dice che Venezia è la città dell'amore, e dove si festeggia il carnevale più bello del mondo…

Mamma era bellissima, sul suo viso c'era disegnata una farfalla grande, con delle ali dorate, era luminosissima! Poi c'erano delle zampine nere che contornavano i suoi occhi. Mamma ama tantissimo Venezia, ed anche il carnevale, quindi di certo un test su Venezia le piace.

Quindi vediamo le opzioni:

a) *Una romantica gita sulla gondola*
b) *Passeggiare tra i vicoli facendo shopping di vetri di murano*
c) *Affacciarti dal Canal Grande per guardare il passaggio di tutti i battelli*

Dunque, gita sulla gondola, lasciamo perdere, mamma dice che il mezzo è accattivante, ma sempre di imbarcazione su acqua si tratta, anche se la gondola è nera e carina, con il suo musetto simpatico e la sua forma allungata, di certo mamma preferisce camminare con i piedi ben piantati a terra...

Quindi scegliamo b), passeggiare facendo shopping, quando si tratta di fare shopping, mamma non si tira mai indietro... può camminare per ore, lo faceva anche quando ero nel suo pancione, si sentiva stanca, e diceva di avere i piedi gonfi, e si disperava per queste cosce che si erano toccate (... chissà... quanto sarà mai grave che le cosce si tocchino????) e non riusciva a camminare bene, quando si trattava di fare "spesucce", come le chiama lei, improvvisamente le tornavano tutte le energie. ☺☺☺☺☺☺wwww☺☺☺☺☺

Quante cose compra mamma, tante per lei e tantissime per me.
Quando facciamo spese insieme a papà, lei compera anche delle
cose per lui, anche se lui non le vuole!... ma lei dice che gli servono.
Lui, secondo me fa male a non ascoltarla, perché mamma sa sempre
cose ci vuole in ogni stagione...io non so cosa farei senza di lei, non
saprei come scaldarmi, o cambiarmi.

Lei invece, ogni giorno, tira fuori dai cassetti, o dalla valigia,
tantissime cose belle, nuove e morbidissime, con cui vestirci.
Devono essere cose davvero belle, perché quando passeggiamo
insieme, tutti mi dicono che sono carino, quindi di sicuro una parte
dei mio successo è dovuto a mamma ed alle sue premure.

Papà invece, di certo avrebbe scelto la terza opzione, lui ama
tantissimo i battelli, e anche se non siamo sul lago di Como, o Lario
(vedi papi che lo so...) di certo non se perderebbe uno!

Quindi b) per Mamy, c) per papà,...io vado con Mamy!

_Domanda 4: Se avessi la possibilità di compiere un'azione al limite
della legalità..._

Ma cosa chiedono in questo test, scusate????

Opzioni:

a) *Ne approfitteresti solo se ci fosse un buon vantaggio e
    nessun rischio*
b) *Faresti un falso in bilancio*
c) *Non ti faresti tentare, in nessun caso*

papà di certo metterebbe c), papà è serissimo su queste cose…
mamma ci sta pensando….. di sicuro la b) la tenta… ma alla fine
mette c) anche lei. ☺☺☺☺☺☺wwww☺☺☺☺☺☺

Domanda 5:

Cosa non potrebbe assolutamente mancare nella tua valigia, prima
di partire per le vacanze?

   a) La macchina fotografica
   b) Il tuo libro preferito
   c) Un kit di sopravvivenza

Mamma mette a), come vi dicevo, lei ama tantissimo fare le foto, mi
"sflash-azza" dal primo giorno in cui è stata in grado di tenere in
mano la macchina dopo l'operazione-taglio-cesareo.

Fa tante foto in ogni occasione, ma io sono di certo il suo soggetto
preferito, perché mi fa 200 foto al giorno… speriamo di non
diventare cieco…

Mamy dice che fare le foto è importante, per avere dei ricordi di quello che facciamo. Ricordi??? Mamy come pensi che potrei dimenticare anche solo uno degli istanti che abbiamo passato insieme? Io mi ricorderò di tutto, perché ti amo tantissimo, e sono sicuro che anche tu ti ricorderai di me...

Ogni istante insieme, ed ogni sguardo.

Ogni volta che mi hai sorriso, ed io ho sorriso a te.

Ogni pianto, e poi ogni tuo abbraccio caldo e morbido, ogni lacrima asciugata dai tuoi bacetti affettuosi. Ogni cambio di pannolino fatto insieme, ogni pecorella messa nelle tue mani.

Ogni volta che mi hai messo la cremina sul culetto rosso, e poi sono
stata molto meglio...

Ma giusto mentre ci penso, mamma tira fuori dalla borsa della
spiaggia lei... la macchina fotografica! Piccola, rosa, e soprattutto,
sempre con noi!

Riesce ad infilarla dappertutto, anche se sembra senza di lei, eccola
che appare dietro mamma, che oggetto invadente!

Mamma tira fuori, dicevo la macchina fotografica e dice "dai amore,
facciamo una bella foto!" ecco...come volevasi dimostrare...

Ultima domanda! ☺☺☺☺☺☺wwww☺☺☺☺☺☺

Domanda 6

Se fossi stata al posto di Cristoforo Colombo...

a) *Ti saresti subito accorta di essere arrivata su una terra
    sconosciuta*
b) *Non saresti mai partita*
c) *Ti saresti fatta prendere dal panico al pensiero di una
    spiaggia non servita*

Direi che qui è facilissimo, c). Per mamma, la spiaggia libera è in
pratica uno sport estremo.... quando mamma è in spiaggia,
necessita di un sacco di cose, che sembrano essere davvero
fondamentali, i must sono:

- Cabina personale per il cambio
- Bar con tavola fredda
- Gelateria
- Obrellone gigante
- Due lettini
- Asciugamani nuovi ogni giorno
- Doccia con acqua calda/fredda
- Doccino per lavare i piedi prima di uscire dalla spiaggia
- Passatoia spiaggia-mare
- Spazio mare riservato al bagno
- Spazio dove lasciare attrezzatura da mare
- Punto primo soccorso
- Filo per stendere costume bagnato e ciabattine

Poi ci sono i "nice to have", cioè quelle cose che se ci sono è meglio! Vediamo se mi ricordo:

- Uso pedalò
- Materassino
- Sedia aggiuntiva sotto l'ombrellone
- Deposito custodito borsa mare
- Servizio cameriere alla sdraio
- Stuzzichini al bar
- Punto aperitivo
- Vicinanza albergo (meno di 20 metri)
- Bagnino professionista in caso di bisogno
- Angolo giornali
- Spiaggia non fumatori
- Spaghetteria/tavola calda
- Servizio wi-fi

Ecco, questo è il minimo che serve a mamma per la sopravvivenza in spiaggia, figuriamoci su una spiaggia deserta… non sopravvivrebbe 10 minuti, nel migliore dei casi… quindi c), crisi di panico sicura al 100%. Probabilità 1.

Quindi, facciamo il conto delle risposte e sentiamo il verdetto, le possibilità sono:

1) Avventuriero
2) Viaggiatore esperto
3) Viaggiatore comodo-lussuoso

Indovinate cosa ci è venuto?????

Avete indovinato???? ☺☺☺☺☺☺wwww☺☺☺☺☺☺

Siamo un "viaggiatore comodo", e tra l'atro, io non ci trovo nulla di male… non è bello stare comodi? Il viaggiatore avventuroso chi sarebbe???? Quello che fa il bagno nelle cascate del Niagara!?!?!

Finito il test, mamma guarda l'orologio, dice che è ora di rientrare per il bagnetto e la cena, quindi andiamo a casa!

Il nostro residence è sul mare, mi piace perché si sentono le onde, ma anche in questi pochi metri, papà riesce ad intercettare una focacceria Ligure. La focaccia è un procotto di cui il papà è ghiottissimo, dice a mamma che si ferma un attimo per prendere "qualcosina".

Aspettiamo....

Aspettiamo...

Ecco papà, che esce con cinque sacchetti.

Mamma sorride e gli dice: "complimenti! Hai totalizzato cinque sacchetti in 4 minuti, hai battuto il tuo record personale dello scorso anno!"

Mamma prende sempre tanto in giro papà, perché gli dice sempre che lui si prende troppo sul serio, e invece ridere gli fa bene e lo aiuta a rilassarsi...

Lo prende in giro... ma poi le focacce le mangia anche lei però!

Io invece dopo il bagnetto, avrò di certo il mio latte e la frutta, speriamo la banana!

E poi dormirò tra le braccia della mamma! Che meraviglia, mi piace questa vacanza al mare!

I giorni passano, e noi restiamo al mare la mattina, e di pomeriggio facciamo delle lunghe passeggiate. Io mi godo la brezza marina dal passeggino... e mamma si gode i gelati e i baci di Alassio, che vendono in tutta la Liguria, pare che sia una prelibatezza, il bacio di Alassio... mamma ne mangia tantissimi, ma anche papà li apprezza, chissà se si chiamano baci perché sono buoni e fanno stare bene come un bacio… come quelli che mi da mamma ogni mattina…ed ogni sera. ☺☺☺☺☺☺wwwww☺☺☺☺☺☺

Dopo un pò di giorni, la vacanza finisce, mamma ha preso davvero un bel colore, e sembra rilassata. Papà ha anche lui un colore diverso, ma più sul rossiccio…

Anche io sono molto rilassato, mi piace quando stiamo tutti e tre insieme, mamma e papà mi fanno un sacco di coccole, papà mi tiene sulle sue spalle, e la sera giochiamo nel lettone prima di addormentarci… al mare dormo tantissimo, sarà questa brezza marina…

Mamma l'altro giorno ha chiesto a papà se ci potevamo trasferire qui, perché io avevo iniziato a dormire di notte… papà ha detto che sarebbe stato bello, ma che non si poteva…

Ciao mare, spero che ci rivedremo presto.

Il mio S. battesimo

Eccoci qui, siamo tornati dal mare, le settimane sono passate… io cresco, arriva ottobre, e il 4 ottobre è li giorno del mio S. Battesimo.

Mamma è tutta eccitata, pare che questa sia una data importantissima per me, ma anche per lei, pare che la cerimonia abbia una parte religiosa, dove sarò battezzato, e poi una grande festa a casa di mamma e papà, nella grande taverna.

Per preparami alla cerimonia, ho dovuto fare un incontro con Don L., il parroco della chiesa che abbiamo accanto a casa… un tipo simpaticissimo! Abbiamo fatto due chiacchiere, io ho pianto un po', e poi mi ha dato la benedizione… chissà perché don L. è vestito sempre tutto di nero, è un tipo così solare, dice mamma… forse dovrebbe vestirsi con un colore più chiaro.

Poi mamma mi ha portato a visitare la chiesa, bella, piccola e intima, a papà piace di sicuro, lui non ama le chiese grandi.

Mamma invece ama tutte le chiese, piccola come quella dove si sono sposati lei e papà, e grandi come quella dove è cresciuta, nel suo paese natale.

Mamma secondo me voleva battezzarmi nella sua di chiesa, perché è li che è cresciuta, è stata battezzata, ha fatto la comunione e la cresima.

Diceva sempre a papà che le sarebbe piaciuto se io fossi stata battezzata lì, come lei…ma poi lei è papà hanno deciso per questa chiesetta. ☺☺☺☺☺☺wwww☺☺☺☺☺☺

Comunque, dicevo che è molto bella, intima, con dei bellissimi dipinti, quindi di certo a mamma piace, e poi sarà una nuova chiesa dove avere dei ricordi insieme!

Mamma, scelta la chiesa, ha iniziato i preparativi per la festa, e anche le attività di contorno alla cerimonia (per mamma ogni dettaglio deve essere sempre perfetto).

Quindi <u>partiamo con l'action Plan:</u>

Prima di tutto: shopping per il battesimo… che per mamma significa quasi organizzare un altro matrimonio….

- ✓ Nr 1, il tempo: avendo scelto l'inizio di ottobre, non siamo sicuri che ci sarà il sole, ma a me piacerebbe essere battezzato in una bella giornata

- ✓ Nr 2, mamma il giorno del suo matrimonio, ha pregato il signore dicendo: "Signore ti prego, mi sposo al lago, fa che non piova, fa che non piova… fa niente se poi pioverà in tutte le vacanze della mia vita e in tutte le altre ricorrenza… ma ti prego fa che il giorno del mio matrimonio ci sia il sole"…

Accontentata! ☺☺☺☺☺

Sole sparato! ☺☺☺☺☺☺

Quindi non è che mamma si aspettasse molto!

Invece, il signore, che è generoso, le ha regalato una giornata di sole bellissimo, e faceva davvero caldo considerando il periodo. Io ero felicissimo!

Quindi questione tempo archiviata con successo.

- ✓ Nr 3: vestito per la festeggiata!
  ☺☺☺☺☺☺wwww☺☺☺☺☺☺

Mamma di certo tiene tantissimo alla mia mises….mi prenderà un vestitino che sarà di certo bianco, oppure rosa, che sono i suoi due colori preferiti

Quindi sarà:

- Bianco
- Di pizzo o macramè
- Con delle balze, mamma ama le balze
- E dei ricami fatti a mano, la passione di mamma
- Certo ci saranno delle scarpine abbinate
- Delle calzine bianche di cotone
- Un copri spalle abbinato, nel caso di pioggia
- ..mi piacerebbe avere una fascetta, come quella che mettevo al mare, ma più elegante, per proteggere le mie orecchiette dal vento…mi prendi la fascetta Mamy???

Scelto il mio vestito, dovremo pensare

- ✓ alla torta.

Mamma ha una super-pasticceria di fiducia, dove fanno anche le torte senza glutine (spero di averlo detto giusto), così anche lo zio A., che è inviato al battesimo, la potrà assaggiare, dato che lui è celiaco (qui davvero non so se l'ho detto giusto…qualcuno controlli!).

La torta, dice mamma, sarà grandissima... io spero che sia di gelato, così mamma me la farà assaggiare come faceva al mare con il suo cono, che era buonissimo!

Certo avrà delle fragole, che mamma adora, ed anche un sacco di panna montata, e sarà gigante!

Ho sentito dire da mamma, che sopra ci sarà una mio foto, sarà una delle 10.000 che mi ha fatto al mare...

E poi ci sarà sopra una bella cicogna...

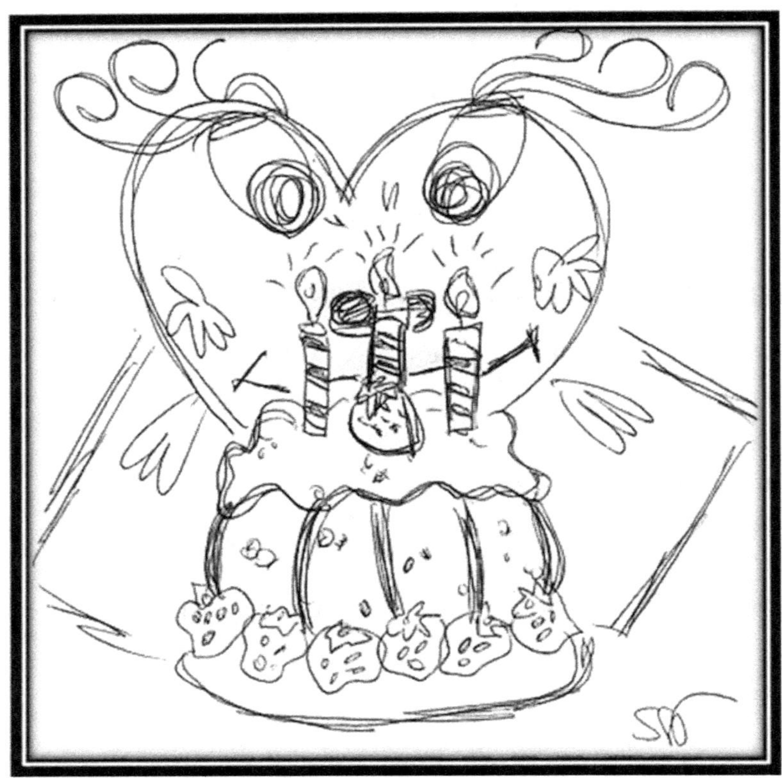

La cicogna, pare che sia un animale che vola, ha un lungo becco e delle zampe forti. Pare che la cicogna porti i bambini alle mamme nel suo becco forte, rannicchiati in un fagottino, io e mamma lo sappiamo che non è così che sono arrivato da lei, ma è comunque una bella favola pensare che sia una cicogna che porti i bimbi…

Quindi torta ok… Cosa manca…

Bomboniere e partecipazioni… sì… vai col nuovo punto della lista!

- ✓ Bomboniere e partecipazioni, fatte rigorosamente da mamma, con i confetti rosa alla mandorla, abbinati al tulle ed una cornice in argento ricoperta di smalti rosa e bianche, i dei brillantini rosa tutti intorno, per finire con una paperella in argento come decorazione in alto. Mi piace la paperella Mamy!

- ✓ Poi vediamo, vestito per la mamma della festeggiata! (facile), preso di pizzo, grigio perla, elegante ma non troppo, mamma è bellissima con questo vestito, moooolto elegante!

- ✓ Buffet, anche questo facile, ordinato sia il salato che il dolce, direi che con i preparativi ci siamo, ottimo lavoro Mamy!!

- ✓ Acquisto palloncini e festoni rosa per addobbare tutta casa… e il gioco è fatto!!!! Papà per gonfiarli ha perso un anno di vita… ma valeva la pena !

La cerimonia

Don L. è stato davvero carino con me, ha disposto le panchine in modo che tutti mi potessero vedere. Io ero al centro tra altri due cuoricini che dovevano essere battezzati.

Don L. mi ha messo una cosa viscidina sulla fronte, poi ha detto delle cose, e poi mamma si è alzata e mi ha preso in braccio.

Devo ammettere che ero davvero carino, nel mio vestitino bianco, e sono stato attentissimo a non fare la cacca, per non sporcarmi e rovinare l'opera di mamma.

Alla fine ho avuto anche la fascetta, che desideravo tanto, e che mi copriva le orecchie.

Mamma si dirigeva verso il centro dell'altare... come mia... mamma... dove sono???? Perchè non mi tieni più tu???

Perché è don L. a tenermi adesso!!!! Mamma!!!! Cosa fa???? Mi farà di certo cadere!!!!! Perchè mi mette a testa in giù????

Mamma!!!! Mi sta pucciando nell'acqua fredda!!!! Affogo!!!!

Mamma, help!!! S.O.S.!!!! Help!!!!

Chiamate il bagnino!!!!!

... Mi ha rigirato, meno male... mi ridà a mamma che mi dice: amore adesso hai avuto il S. Battesimo.

Ma dico!!!! Perchè nessuno mi ha mai parlato di questa cosa dell'acqua!?! Posso capire che papà se ne sia dimenticato... ma tu!!!!

La mia Mamy!!!! Tu che odi l'acqua e anche io quindi odio l'acqua...
poi mi pugnali a tradimento così?????

Ma Mamy poi mi asciuga e mi da un bacetto.... era necessario... mi
dice.

Va bè... allora ok Mamy, però basta eh? Basta Don L. e basta
puccetto nella vaschetta!

La cerimonia finisce, e noi torniamo a casa, dopo aver fatto le foto e
firmato un registro dal Don.

I nonni sembrano così felici, ed anche gli Zii, quindi penso che il
battesimo sia andato bene!

Adesso torniamo a casa per mangiare la torta, la taverna certo piacerà a tutti, è tutta rosa, piena di cose buone da mangiare e da bere, e al centro del tavolone c'è una bellissima torta, e poi ci sono i confettini rosa, quelli pesca, quelli bianco-rosa, quelli a cuore al cioccolato, quelli ad anello, quelli al cocco, quelli colorati, quelli alla banana ed alla albicocca…. li abbiamo presi tutti perché mamma non riusciva a scegliere…. in confetteria continuavano a farceli provare, e noi li abbiamo provati tutti…. che buoni! E ci siamo fatti convincere a farli assaggiare tutti ai nostri ospiti.

Avranno di certo successo. ☺☺☺☺☺☺wwww☺☺☺☺☺☺

Arrivati a casa, vedo sul tavolo dei pacchettini tutti rosa… Mamy????

Lei mi guarda e dice che sono tutti per me…evvai!!!!!! Li scartiamo insieme Mamy? Mi aiuti? Che bello ricevere così tanti regali, tanti vestitini, giochi sonori, e anche un bellissimo orologio della Thun, che mamma ama tantissimo… di certo lo appenderemo nella mia cameretta.

Poi, gli zii e i nonni vanno a casa, mamma si sdraia sul lettone con me vicino e ci addormentiamo… è stata davvero una giornata impegnativa!

Oggi sono stato battezzato, ho ricevuto il S. Battesimo, quindi sono un S. cuoricino!

Vero Mamy???

<u>*Ma è già di nuovo natale? Questa volta festeggiamo insieme*</u>

Dopo il giorno del mio S. Battesimo, non ci sono più state feste a casa, certo tanti amici sono venuti a trovarci con dei regali, ma non ci sono state più torte, e nemmeno confetti… sono passate 4 settimane, il tempo è diventato freddo, mamma mi ha messo dei pagliaccetti più pesanti, le foglie sul ciliegio sono diventate rosse e gialle.

È arrivata la stagione chiamata autunno. A mamma non piace molto questo autunno, perché di solito fa freddo e piove, e sappiamo che mamma odia la pioggia… ma almeno è felice il g 31, quando si festeggia Halloween.

Mamma chiede sempre al nonno di tenere da parte per lei una bella
zucca grande, quasi come quella di cenerentola, ma la nostra zucca
poi non si trasforma un una carrozza, come nella fiaba, ma diventa
una bellissima lanterna… che mamma intaglia con le sue mani! È
davvero bravissima, mentre la intagliava mi guardava, e mi diceva
che tra qualche anno potremo farlo insieme… io non vedo l'ora…
mamma sa fare tante cose e spero che faremo tutto insieme,
quando sarò più grande.

Poi passa anche Novembre, che non è piaciuto nemmeno a me, le giornate a Novembre sono brevi e con poca luce, e non era possibile quasi mai fare delle passeggiate fuori con il passeggino….

Certo, ho detto passeggino! Non ovetto ma passeggino…. il tempo passa ed io cresco… adesso riesco a tenere su la testa, a stare seduto, quindi posso stare sul passeggino, come un bimbo grande!!!!

Arriva Dicembre, con l'inverno… Dicembre è il mese preferito della mamma, quando fa freddo, perché è il mese di Natale.

Dicembre le piace perché c'è la neve, che è bianca e soffice,e viene dal cielo, da dove vengo io….

Poi le strade si illuminano di mille colori. Ci sono lucette ad ogni angolo di strada, e nelle vetrine dei negozi ci sono dei bellissimi disegni, della neve e tantissimi pacchettini colorati.

Spuntano alberi di natale decorati con palline e fiocchi in ogni dove…. c'è un'atmosfera magica!

Quando nevica, mamma ama scaldarsi davanti al camino avvolta da una grande coperta di pile, e ci avvolgeva anche il suo pancione lo scorso anno… chissà se staremo insieme davanti al camino adesso, e se mi darà un po' di quel gelato squisito al cioccolato che mangiava sempre.

Sì, mamma quando nevica mangia del gelato al cioccolato davanti al camino avvolta in una coperta, e guarda fuori in giardino.

Certo che avere un camino per scaldarsi è bellissimo… sono davvero un cuoricino fortunato!

Lo scorso anno abbiamo festeggiato insieme io e mamma, ed io ascoltavo tutto quello che diceva, e vedevo tutto quello che faceva, dal suo pancione; quest'anno invece io sono qui fuori, e posso condividere tutto con mamma davvero!!

Mamma di certo farà l'albero di natale più bello e più grande di tutti quelli che abbiamo visto, e papà mi monterà le luminarie in giardino.

Il ciliegio di notte si illuminerà, e sarà bellissimo.

Sotto l'albero ci saranno mille pacchettini, e saranno anche per me, ho anche visto un paio di cose che mi piacerebbero... chissà se riuscirò a dire a mamma cosa mi piace entro il 24 dicembre sera....

Che bello! Facciamo l'albero mamma???? Insieme?????

Poi di certo ci sarà anche da allestire il presepe della thun, che mamma ama sopra ogni cosa, ogni anno compera dei nuovi soggetti, e anche una pecorella. ☺☺☺☺☺☺wwww☺☺☺☺☺

Lo scorso anno ne ha presa una sola, ma quest'anno, siamo andati nel solito negozio e mamma ne ha ordinate due.... mi ha sorriso e mi ha detto che una era per me... mi piacciono tantissimo le pecorelle, come quella della canzone che mi canta sempre la nonna e che fa:

Ho perso una pecorella... ta-tare-tata...

Ho perso una pecorella... ta-tare-tata...

Che occhi aveva... ta-tare-tata...

...ta-tare-tata...

Che occhi aveva… ta-tare-tata…

E poi nonna dice: aveva gli occhi azzurri (come me) ta-tare-tata…

aveva gli occhi azzurri (come me)

…..

e poi, che nome aveva… ta-tare-tata…

e poi, che nome aveva… ta-tare-tata…

"Aveva nome Ingrid" … ta-tare-tata…

Aveva nome Ingrid" … ta-tare-tata… non è strano che la pecorella si chiama come me???? ma mi piace tanto!!!!!

Quindi faremo albero e presepe, e poi mamma metterà in cima al camino un grandissimo fiocco rosso di velluto gigante, e tre calzine!!!! Ho detto TRE calzine…eh sì…perché anche io ho avuto la mia super-calzina, rossa di pelo, con sopra un orsetto, che mamma ha ordinato direttamente da Harrods per me!

Solo per me! E poi l'ha messa al centro del camino, quindi al posto d'onore, tra quella sua e del papà.

Se ho capito dallo scorso anno, se sarò buono, ed io certo lo sono stato, riceverò dei doni e dei dolcetti nella calzina.
Papà e mamma certo sono stati buoni ccn me, quindi anche la loro calzetta sarà piena!

In quella di mamma ci saranno dei dolci, e poi il solito piccolo prezioso pacchettino, che papà prende in quel negozio all'angolo dove tutto luccica, invece in quella di papà ci saranno dei mandarini e dei datteri, e noci e mandorle, e nocciole…e poi un pacchetto più grande di quello di mamma.

Chissà cosa ci sarà nella mia… io spero ur omogeneizzato alla banana… mi piace tanto! E magari dei gelato… alla panna e fragola!

E magari quel carillon che abbiamo visto l'altro giorno nella vetrina fuori dalla profumeria preferita di mamma… che girava… mi piacerebbe averlo per la mia cameretta.

Poi, in pieno spirito natalizio, io e mamma, dato che fa freddo e non possiamo uscire, facciamo il test di natale.

Io oggi indosso un bellissimo maglioncino che nonna mi ha fatto a mano, è rosso, che è il colore del natale, e argento, poi ho delle calzine bellissime con sopra degli orsetti, che mamma ha comperato uguali per me e per lei… e dei pantaloncini rossi di velluto. Il velluto mi piace perché è morbido morbido… e ricorda le carezze della mamma. ☺☺☺☺☺☺wwww☺☺☺☺☺

Mamma invece indossa una vestaglia colorata di bianco e rosso, come i vestiti di Babbo Natale, che la avvolge.

Allora iniziamo il test, lei seduta sul divano, ed io sulla mio dondolo-sdraietta accanto a lei.

Titolo:

Quale personaggio di Natale sei?

Domanda nr 1:

Cosa vorresti trovare quest'anno sotto l'albero di Natale

   a)   *L'amore delle persone che ami*
   b)   *È lo stesso, a Natale mi piace donare più che ricevere*
   c)   *Ho un lista lunga quattro kilometri*

Indovinate????

Mamma ha messo c).

Non che non voglia l'amore delle persone che ama, e di certo le piace tantissimo fare regali... ha girato come un trottola per giorni trascinandosi me dietro, per un sacco di negozi, scegliendo regali e pensierini per amici e parenti... ricordo ancora quel negozio di candele... saremo rimaste dentro 3 ore... io avevo anche il pannolino da cambiare... ho chiamato... ma Mamy era davvero concentrata a scegliere le candele più belle per le sue amiche, quindi non mi ha sentito.

Quindi certo, le piace fare i regali, ma ancora di più riceverli!

Lo vedo dai suoi occhi grandi che si illuminano ogni volta che riceve un pacchettino! Non importa che il regalo sia costoso, basta che ci sia un bel fiocco da scartare, tanta carta colorata, e dentro qualcosa che luccica! ..in realtà la capisco, perché anche a me piacciono un sacco le cose che luccicano.... il carillon che vorrei... per esempio... luccica...

Quindi scegliamo c), di certo avrà una lista lunghissima, che scriverà nella sua letterina a Babbo Natale, che poi consegnerà a papà che la andrà a spedire per lei.

Domanda nr 2

Che colore sono gli addobbi del tuo albero di Natale?

a)   *Rossi e d'oro, come nella tradizione*
b)   *Albero bianco e palline rosse*
c)   *Albero a triangolo appeso al soffitto*

Mamma segna la a). Il nostro albero è verde, bellissimo e con mille palline nelle sfumature dell'oro e del rosso, con punte di arancio, e biscotti allo zenzero a forma di omino, che poi mamma mangia… e tante caramelle e lecca-lecca colorati, zuccherini e cioccolatini a forma di folletto. Il nostro albero è tutto illuminato, da tantissime lucine colorate. Mamma e papà montano sempre insieme l'albero, e tra poco io potrò mettere le palline che lo scorso anno mamma ha comperato e tenuto da parte proprio per me.

Domanda nr 3

Hai già comprato i regali di Natale?

a) *Sì, già tutto pronto dai primi di Novembre*
b) *No, ma ho quasi tutto*
c) *No, ma c'è tempo*

Commento a caldo… allora, stiamo leggendo il giornale preferito di mamma, che esce ogni settimana…. siamo nella seconda settimana di Dicembre, quindi intorno al 10/14… ma che ha scritto questo test è un pazzo???

Cosa pensano??? Che il 14 Dicembre la gente ancora non abbia comperato nulla?????

Mamma infatti segna a). NOI infatti, MAMMA ed IO, ABBIAMO già comperato tutto quello che ci serve da giorni… ma dico, siamo matti???? Aspettare all'ultimo?? E se poi non trovassimo tutto in tempo??? Se i negozi improvvisamente chiudessero???? Se ci fosse una catastrofe???? NOI INVECE, anche in tutti questi casi, potremmo festeggiare il S. Natale, perché siamo già a posto con tutto:

- Casa addobbata
- Albero fatto
- Presepe ok con tutte le pecorelle allineate (…in file per sei con il resto di due…come i gatti della canzone, solo che le pecorelle si allineano senza baffi…)
- Giardino illuminato a giorno
- Fiocco rosso sul camino e sulla porta
- Camino pulito per il passaggio di babbo natale
- Pacchettini fatti e calzine appese
- Bigliettini scritti e firmati
- Panettone prenotato
- Anche quello senza canditi per papi…. e il pandoro per i nonni
- Torrone preso con la frutta secca
- Grembiulino da Babbo-Natalina per mamma comperato
- Pigiama di Natale + ciabattone ok
- Parrucchiere prenotato, per mamma e me, taglio madre-figlia
- Bavaglina il mio primo Natale acquistata e messa a misura
- Cesto di Natale con leccornie varie prenotato
- Cassa di vini-liquori ok.

Mamma è una vera macchina organizzativa, figuriamoci se si ridurrebbe a comperare i regali l'ultima settimana….

Volete dire che qualcuno, nel mondo, non ha ancora completato la lista delle cose da fare prima di Natale???? PAZZO!

Quale classico Disney preferisci tra questi?

a) *Cenerentola*
b) *La sirenetta*
c) *Shreck*

la terza proposta non è degna di risposta... ma dico, Shreck?!?!? L'orco???? Quel cartone che ho visto con mamma, in cui la principessa vuole salvarsi da sola??? ☹☹☹☹☹☹☹

Quella pazza, che potendo avere un bellissimo principe azzurro, si becca l'orcazzo verde che rutta e... passiamo oltre per decenza????!!! ' ☹☹☹☹☹☹☹

Ma dico, che fiaba sarebbe???? Non mi sembra davvero un classico??? Lei è una ribelle, di certo mamma non si sente in sintonia con questa fiaba, se ben ricordo, alla fine un asino sposa un drago...ma vi pare possibile???? ☹☹☹☹☹☹☹

Invece la scelta tra l'opzione a) e b) è interessante...

Dunque, mamma ama le principesse, e lo sono entrambe.

Sono entrambe bellissime, e buone.

Cenerentola è bionda, il colore preferito di capelli della mamma, ma anche il rosso dei capelli delle Sirenetta le è sempre piaciuto.

Cenerentola di certo è una storia più romantica, ma la Sirenetta è un'avventura accattivante…. alla fine mamma sceglie a).

Cenerentola vince sempre, perché è la fiaba più bella del mondo. Tutte le bambine vogliono essere delle principesse, e vogliono sposare un principe e vivere in un bel castello, di questo io e mamma siamo sicure.

Ok test finito, vediamo a che personaggio di Natale assomigliamo.

Ci viene: *Babbo Natale!!!!*

Siamo il personaggio più importante di Natale! Per noi il Natale significa tradizione, stare con le persone che amiamo, riunirci, cantare e scartare i regali sotto l'albero!

L'alternativa era fare l'elfo di Babbo Natale, cioè colui che vive le feste divertendosi. Ma noi non siamo così noi facciamo sempre un bel programma, e lo seguiamo.

Anche questo S. Natale è passato… mamma come al solito, la sera,
quando siamo tornati dai nonni dopo i festeggiamenti, si è sentita
un pochino triste, ma poco poco stavolta, perché ci sono io qui con
lei, e ci siamo fatti un sacco di coccole.
Io ho ricevuto un sacco di regali-giochi, belli, e regali-vestitini, meno
belli ma utili dice Mamy…
Il pranzo è stato buonissimo come al solito, con un sacco di portate,
ma mamma non ha potuto mangiare il patè nemmeno quest'anno,
perché mi sta dando ancora il latte…

Però ha mangiato un buonissimo boero, quest'anno ha fatto una
piccola eccezione, mi ha detto che voleva coccolarsi un pò… vai
tranquilla Mamy, non credo che un boero mi ucciderà! Magari mi
piace il boero-latte… cioè il latte che sa di boero. ☺☺☺!!!!!☺☺☺!!!!!

Da quando mi allatta mamma ha una fame da leone! Ma un leone
carino… tutto pieno di cuoricini e sempre con un bel sorriso… e la
criniera piena di cuoricini… come le molletine che mamma
indossava oggi.

Dopo il pranzo ho giocato un po con i miei cuginetti, ma poco
perché loro sono più grandi, si chiamano C. e T.

La sera, dicevo, arrivati a casa, mamma mi ha fatto una bella foto di natale con il mio pagliaccetto rosso "il mio primo natale"… devo dire che sono molto carino con il rosso… perché è un colore che mi valorizza molto, mamma dice che assomiglio ad Heidy, perché mette in risalto le mie gote rosse…sono fantastico!!!!

Dopo le coccole ci siamo addormentati insieme nel lettone.
La mattina dopo ci siamo svegliati insieme, ed io sono felice perchè oggi farò un bel regalo a mamma.
Spero che lei sarà felice di questo regalo, perché io mi sono esercitato un sacco…OGGI LE DICO MAMMA!!!!

Mamma, non solo sarà la mia prima parola, ma è anche quella che mi piace di più.
M come Mamma.
La persona che amo più di tutte, quella che mi ha dato la vita.
Che si alza ogni notte per darmi il latte, e poi mi pulisce il sederino se sono bagnato, con quelle belle salviettine morbide e profumate…
M come mamma significa amore.
Mamma è il suono dell'amore, voglio dire, se l'amore avesse un suono sarebbe questo.
Mamma è la persona che ti resta accanto tutta la vita.
Quella che non ti deluderà mai, che ti sorreggerà sulle sue ali quando starai per cadere, e quando invece cadrai ti aiuterà a rialzarti da terra…
La mamma ci sarà sempre, la mamma è il tuo punto fermo nella vita, il tuo sole, il tuo rifugio, la tua stella polare.
È colei che ti guida, che ti precede nella strada delle vita quando vede che davanti a te c'è un pericolo.
La mamma è quella che mette da parte anche i suoi sogni, per aiutarti a raggiungere i tuoi.
La mamma è la mamma.
La mamma ti canta mille ninna nanne, ti coccola, ti compera i vestitini.
La mamma vive per te, per vederti sorridere, per vederti crescere.

Per la mamma sei la ragione di vita, sposta tutte le sue priorità di su di te.
Quindi quale parola potrebbe essere meglio di mamma????
Se potessi dire una sola parola nella vita, direi di certo questa.

Quindi oggi, dopo lungo esercizio di vocalizzo della lettera "A", che è facile, e delle lettera "M",che è un po' più complicata da pronunciare, vado convinto e lo dico.
Ecco, adesso è il momento giusto, siamo vicini, a tavola dai nonni, ho finito di mangiare e lei mi sorride.
MMMM….
Oddio….
MMMA….
Pensa vo che fosse più facile, dai… concentrazione…
MMAAMM…AAA…MMMAAA
Dai, Mamy, guardami… non sto vocalizzando… ti sto chiamando…

Mmmmaaa…☺☺☺!!!!!

MAMMA!! ☺☺☺!!!!!

MAMMA!!! ☺☺☺!!!!!

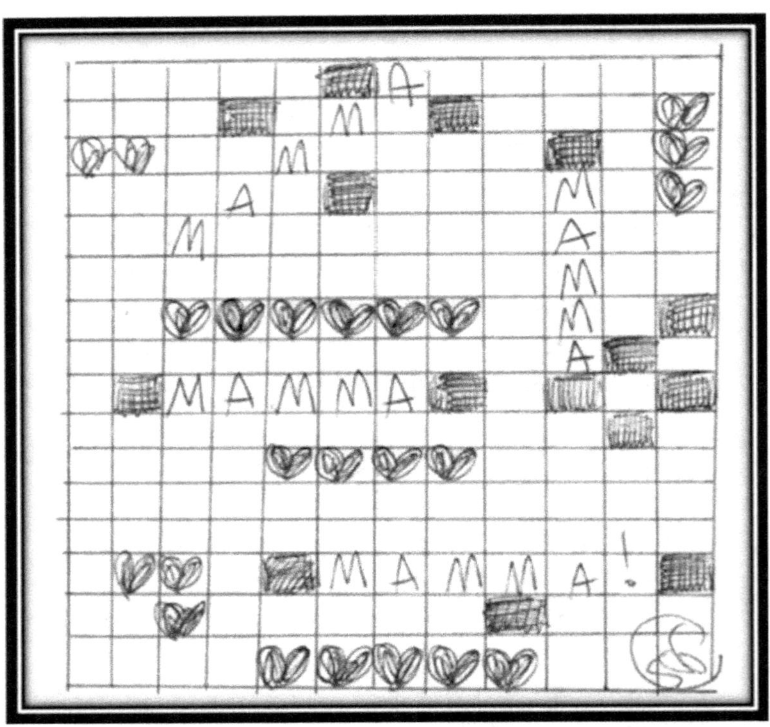

Eccola… mi ha sentito.

Tutti mi hanno sentito, perché mi stanno fissando in silenzio intorno al tavolo rotondo di cristallo della nonna….

Papà le dice di non scaldarsi, che è presto, e che è stato un caso…

NNNOOO!!!!

Non è un caso, ho detto mamma!!!!!

Mamma mamma!!!!

Allora lei mi guarda, e con gli occhi pieni di lacrime mi dice, tesoro mi hai detto mamma!!!!

Allora io sorrido e dico ancora, bello chiaro: mamma!
E la guardo, lei mi guarda, poi si alza, slaccia il seggiolone, mi prende
tra le sue braccia e mi da un bacio...
Sembra impazzita di gioia!!!
Mamma-mamma! Continua e ripetere, il mio tesoro mi ha detto
mamma, ecco il mio vero regalo di natale!

Mamma Mamma Mamma Mamma Mamma Mamma
Mamma *Mamma Ma*mma Mam*ma Mamma* Mamma
Mam*ma Mamma Mamma Mamma Mamma* Mamma
Mamma *Mamma Mamma Mamma Mamma* Mamma
Mamma M*amma Mamma Mamma Mamma* Mamma
Mamma Mam*ma Mamma Mamma Mam*ma Mamma
Mamma Mamma *Mamma Mamma* Mamma Mamma
Mamma Mamma Ma*mma Mamma* Mamma Mamma
Mamma Mamma Mamma *Ma*mma Mamma Mamma
Mamma Mamma Mamma Mamma Mamma Mamma

Mamma Mamma Mamma Mamma Mamma Mamma
Mamma *Mamma* *Mamma* Mam*ma* *Mamma* Mamma
Mamma *Mamma* *Mamma* *Mamma* *Mamma* Mamma
Mamma *Mamma* *Mamma* *Mamma* *Mamma* Mamma
Mamma M*amma* *Mamma* *Mamma* *Mamma* Mamma
Mamma Mam*ma* *Mamma* *Mamma* *Mamma* Mamma
Mamma Mamma *Mamma* *Mamma* Mamma Mamma
Mamma Mamma Ma*mma* *Mamma* Mamma Mamma
Mamma Mamma Mamma *Mamma* Mamma Mamma
Mamma Mamma Mamma Mamma Mamma Mamma

Arriva l'inverno

S. Stefano è passato, mamma era davvero felice, meno male… tanto
esercizio ma ne è valsa la pena!!!!
Poi è arrivato l'ultimo dell'anno, ma noi siamo rimasti a casa
tranquilli, perché io sono piccolo, e poi i botti di mezzanotte mi
hanno fatto paura, fortuna che mamma e papà erano vicino a me,
mi hanno messo con loro nel lettone, e mi sono riaddormentato…
Di solito mamma e papà andavano a sciare in inverno, in un posto
chiamato Svizzera, dove c'è la pista di fondo preferita di papà e
mamma, il posto si chiama San Bernardino.
Quindi il posto si chiama come il cane della canzone, (San bernardo
Rock-San bernardo rock!, Ha un grande cuore e d è coraggioso….)
ma più piccolo, quindi è un posto dove ci sono dei piccoli San
Bernardo… quei cani che hanno al collo la fiaschetta per la grappa,

come mi ha spiegato il nonno, ed hanno un sacco di pelo, e salvano
le persone che sciando si perdono.

Invece quest'anno siamo rimasti a casa, ma mamma dice che il
prossimo anno andremo insieme sulla neve, faremo un grande
pupazzo e giocheremo insieme, non vedo l'ora…
Io so già come si fa un pupazzo di neve, quindi se volete annotare ve
lo spiego.

<u>Occorrente per un pupazzo:</u>

- Neve (fondamentale)
- Cappello per la testa, quello a tesa larga marrone del nonno, oppure paraorecchie
- Sassolini piccoli neri per gli occhietti
- Set piccoli sassolini rossi/marroni per il contorno bocca
- Carota lunga e bella arancione, meglio pelata, per il naso
- Tre sassi grandi per i bottoni del cappotto di neve
- Sciarpa colorata per scaldargli il collo
- Ciabattone per i piedi (belle grandi e fatte a coniglietto è meglio)
- 2 rametti per le braccia, lunghi uguali
- Scopa di soncino
- Macchina fotografica (per dopo).
- ☺☺☺!!!!!

<u>Istruzioni per la preparazione:</u> ☺☺☺!!!!!

- Fare una palla grossa con la neve, una palla media, una palla piccola, dimensione a vostra scelta
- Impilare le tre palle, quella più grossa sotto, poi la media, poi la piccola
- Appoggiare sopra la palla piccola il cappello, o il paraorecchie, oppure tutti e due se la giornata è molto fredda.

- Prendere due sassi neri e metterli come occhi, belli centrati, non vorremmo mica fare un *pdn* (pupazzo di neve) strabico, vero?
- Occhiali, li aggiungo nel caso che il vostro *pdn* non veda bene… mica possiamo pretendere che sia perfetto no???? Non sai mai quale ti capita, quindi devi essere pronto a tutto.
- Aggiungere occhiali da sole in caso di sole accecante o vento forte.
- Mettere tra gli occhi la carota, che sarebbe il naso, gelato perché fa freddo.
- Mettere tutti i sassolini rossi a forma di C rovesciata, per fare il sorriso.
- Far girare la sciarpa intorno al collo del pupazzo, sarebbe, il collo, lo spazio tra la palla media e quella piccola.
- Applicare i 3 bottoni in mezzo alla palla media, che sarebbe il pancione del pupazzo, o pancino, se lo avete fatto magro, io lo farò bello cicciotto!
- Inserire le ciabattone a coniglio sotto la palla gigante.
- Infilare ai lati della palla media due rametti, che faranno le braccia.
- Mettere la scopa dentro una delle due braccia.
- Mettersi accanto al pupazzo di neve.
- Scattarsi o far scattare da qualcuno una bella foto.
- Finito!

Pupazzo di neve completato alla grande, sono già pronto, ho tutto qui dentro Mamy, vedrai che il nostro pupazzo di neve sarà il più bello mai realizzato, e poi potrai fargli un sacco di belle foto, e sarai felice e il tuo sorriso scalderà la giornata più fredda!

Poi è arrivato Gennaio, il mio primo gennaio, che come un vecchio signore con i baffi bianchi, si è trascinato per trenta +1 giorni lunghi tutti uguali.

<u>Il freddo non mi piace.</u>
Mamma ed io siamo rimasti in casa, abbiamo fatto qualche passeggiata nei rari giorni di sole, e siamo andate in giro per negozi per i saldi invernali.

Mamma mi ha preso un sacco di cose, perché io cresco, e ad ogni stagione ho bisogno di cose nuove.

Mamma dice che le cose per me costano tanto, ma vale la pena investire sul proprio cuoricino, e vestirlo sempre bene, e con tessuti naturali per non irritare la mia pelle delicata.

Quindi, per evitare di comperare doppioni, facciamo una lista organizzativa di quello che ci potrebbe servire.

A volte spendiamo un po', ma tanto mamma ha una carta dorata, che è magica, perché noi arriviamo al bancone del negozio dove abbiamo fatto acquisti, mamma sorride alla commessa, la commessa passa tutti i vestiti e fa "bip-bip" su ogni cosa, poi dice un numero.

Mamma allora tira fuori la carta, la commessa la prende, e poi usciamo con i nostri sacchetti!!!!

Senza spendere nulla!!!!

Devo assolutamente dire questa cosa al nonno, appena ci riesco…

Quando vado con il nonno a prendere il pane, durante il giretto sul passeggino alla mattina, nonno prende il sacchetto, e poi tira fuori il portafoglio e paga con i soldini.

So cosa sono i soldini, perché mamma li toglie sempre dal portafoglio di papà, prima di uscire la mattina, e poi mette ogni giorno una monetina nel mio piccolo salvadanaio di legno.

Se nonno sapesse di questa carta, di certo risparmierebbe un sacco di soldini per il pane! E la focaccia che compera per mamma!

Non trovate che mamma sia carina a mettere da parte qualcosa per me? Così da grande mi comprerò una bella casetta come la sua!

Credo che servano tanti soldini, per questo mamma ha già cominciato a metterli da parte per me…

Quindi, dicevo che mamma fa sempre una lista delle cose che ci servono.

Alcune che comperiamo non sono nella lista (questo accade quasi ogni volta), ma mamma dice che delle cose sono così carine, che vanno sopra alla lista, cioè vanno comperate lo stesso.

Nella lista di oggi abbiamo, per esempio:

- Calzine invernali
- Calzoncini invernali
- Magliettine invernali
- Giubbottino rosso
- Piumino nuovo per il lettino

- Pannolini (questi pannolini ci sono sempre… in ogni lista mamma mette i pannolini, chissà come mai ci servono così tanti pannolini…)
- Nuovo carillon con apine volanti, bello questo, visto dal cuginetto T., servirebbe a farmi dormire nel nuovo lettino di legno.

- Scarpine invernali rosa

La lista mi sembra corposa, ma mamma è una lavoratrice indefessa…. parola difficile che significa instancabile… e lei davvero non si stanca mai, di solito entriamo in qualche centro commerciale, e lei gira come una trottola tutto il pomeriggio.

Ci fermiamo solo a fare un pit-stop per la mia merenda di frutta, e per il cambio del pannolino.

Dopo la merenda, io comincio a dormire, ma mamma continua a cercare cose in ogni negozio.

Questo shopping deve essere davvero stressante, perchè quando torniamo a casa mamma di solito è distrutta...

Le giornate passano, papà va al lavoro e noi andiamo a casa dei nonni, che ci tengono compagnia.

A mamma piace stare a casa con i nonni, dice che è meglio che restare a casa da sola, e poi la aiutano con me.

Anche a me piace stare con i nonni, perché mi fanno giocare, e nonna mi coccola tantissimo... mi sento proprio viziato....

Finisce Gennaio, arriva Febbraio, il mese del carnevale e di San Valentino, mamma di certo vorrà festeggiare entrambi.

<u>*Il giorno di San Valentino e il carnevale*</u>

Mamma, ormai si sa, ama le ricorrenze. Ama festeggiare e anche ricevere dei regali.

San valentino è un giorno speciale per mamma e papà infatti festeggiano anche il loro consenso.

Il consenso è quando uno acconsente di sposare l'altro.

Mamma e papà hanno acconsentito nel giorni di S.Valentino, e poi, il maggio successivo, si sono sposati.

Quando hanno fatto il loro consenso, io ancora non avevo intercettato Mamy, ma di certo lei era bellissima, ho assistito invece al loro matrimonio.

Mamma e papà si sono sposati a Maggio sul Lario, ma va!?! In una bellissima chiesina, piccola e intima, a picco sull'acqua e sullo sfondo un bellissimo monte innevato.

Io guardavo dal cielo mamma che arrivava in macchina verso la chiesa, e scostavo le nuvolette che si avvicinavano al cielo in quel punto, volevo che il cielo fosse serenissimo, così potevo vedere bene tutto.

Mamma era emozionata, come quando le ho detto mamma…

E anche papà era emozionato. Erano più giovani di adesso, ma si amavano già moltissimo, volevano sposarsi per creare una nuova famiglia, che adesso è anche la mia. Io ho ascoltato, tutto attento, la cerimonia e le canzoni bellissime che tutti cantavano.

Mamma era la più ammirata, e quella con il vestito più bello.

Era bianco e avorio, soffice come una nuvola, con una lunga coda grande, che si estendeva per tutta la navata, il bustino, luccicava tutto, e aveva delle rose tra i capelli.

Mamma era la sposa, la sposa più bella che avessi mia visto! La mia mamma-sposa!

In chiesa, c'era uno vestito come Don L, ma non era lui di certo, un signore che suonava l'organo, e una signorina che cantava bene come Mina.

C'è stata una bellissima cerimonia. Poi mamma e papà sono usciti dalla chiesetta per ultimi, e tutti hanno tirato lore il riso…. io non avevo riso con me sulla mia nuvoletta, quindi ho tirato un po' di nuvola, per festeggiare mamma, ma non credo che sia arrivata fino a loro.

Pare infatti che mamma e papà fossero gli sposi… tutti facevano loro le foto, mamma era felicissima perché ama fare le foto, papà invece, dopo un pò mi sembrava un po'… diciamo… scocciato… sia per le foto che per il riso, che diceva gli fosse entrato ovunque….

Non capisco come mai, se si tira il riso dopo una cerimonia religiosa, nessuno me lo abbia tirato dopo il S.Battesimo….. adesso che ci ripenso… fatemi capire, io sono stato pucciato-strapazzato a testa in giù dentro l'acqua gelida…. non me lo meritavo un pò di riso io!?!!?!

Dopo la cerimonia sono andati in un bel ristorante sul lago, a mangiare con tanti amici e parenti.

Quindi il consenso è importante, e va festeggiato, perché ricorda il giorno del loro matrimonio, che è importantissimo!!! E poi il 14 di febbraio, è anche San valentino, mamma dice che è la festa degli innamorati.

Mamma e papà sono ancora molto innamorati, quindi è anche la loro festa, ma anche io e mamma siamo innamorati, quindi è anche la nostra di festa giusto???

Giusto!

Quindi festeggeremo insieme.

Speriamo che papà di ritorno dal posto lavoro, ci porti un bel regalo e anche qualcosa da mangiare, perché mamma adesso che mi allatta ha sempre fame.

Aveva sempre fame anche quando ero dentro il suo pancione….comincio a pensare che mamma sia un po' golosa….

Papà torna puntuale dàl lavoro, da a mamma un pacchettino con dentro un luccichino, che è un regalo che luccica, un mazzo di rose rosse, che pare sia il colore delle rose che si regalano gli innamorati, e una bella torta di nocciole.

BBBUUOOONNA!!!!! Mamma sarà felicissima! Peccato che io non possa provarla!!!!

Invece mamma ha un regalo speciale per lui.

Mamma legge sempre "Il giorno" dai nonni, un giornale quotidiano.

Quest'anno il giorno aveva una sezione speciale S.Valentino, dove uno poteva inviare una frase d'amore per il suo innamorato, chiamato Valentino, e poi le frasi più belle venivano pubblicate sul giornale!!!!

Mamma, nei giorni scorsi, aveva scritto la sua dedica a papà, e quella dedica è stata pubblicata…..evvai Mamy!!!! Sei una grande scrittrice!

La dedica diceva:

Da Ingrid (7 Mesi) e mamma

"Rivedere in nostra figlia la luce dei tuoi occhi

Accende ogni giorno la mia vita

Ti amiamo papà, buon S.Valentino."

Papà si è commosso… e a dire il vero anche un po' io e Mamy…. che belle parole… e grazie che hai firmato anche per me….. io ancora non so parlare, ma se avessi dovuto dire qualcosa per papà, di certo lo avrei detto così, magari non con le stesse parole…. sono io la figlia vero Mamy???

Sono la luce allora????

Accendo ogni giorno la tua vita???

WOW!

Mamy, grazie! Anche tu accendi la mia vita, Mamy! E anche io ti amo tantissimo!

Poi mamma e papà si danno un bacio, e poi papà mi prende in braccio e dà un bacio anche a me!

Evviva il giorno di S.Valentino!

Evviva i baci!

Dopo il giorno di S.Valentino, mamma inizia i preparativi per il giorno più importate di febbraio, dopo il S.Valentino, cioè il carnevale.

Mascherarsi è bello, mamma si maschera sempre a carnevale, quest'anno mi maschero anch'io.

A mamma il carnevale ricorda i tempi dell'oratorio, quando era bambina, e costruiva con le sue amiche dei costumi, per poi fare una sfilata di sabato grasso.

Adesso i costumi li compera, ma il suo spirito è rimasto lo stesso.

Lo scorso sabato siamo andati in un centro commerciale per scegliere il mio vestitino.

Mamma ha guardato un sacco di vestiti, Biancaneve, la spagnola, il tigrotto peloso, che le piaceva, ma aveva paura che io avessi caldo, quindi l'ha scartato.

Poi siamo passate alla sezione animaletti, i preferiti di mamma:

- Apina
- Coccinella
- Fatina
- Farfalla
- Passerotto
- Topolino
- Minnie/topolino
- Paperina
- Ranocchietta
- Porcellino rosa con codino a trottola
- Tartaruga ninja (ecco magari mamma questo io lo eviterei)
- Ragnetto
- Funghetto

Mamma ha preso prima un costume da fatina rosa, bello, poi il rosa fa sempre la sua figura… poi lo ha riposto ed ha preso l'apina… bella, gialla e nera, con un piccolo pungiglione… ma Mamy, non mi pungerà il culetto quando sarà seduta sul passeggino?!?!?

Poi ha ripreso la fatina, che mi piace, moooolto femminile!

Poi ancora l'apina, il ragnetto, che è bello perché è blu e lilla, con un bel fiocco sul pancino e tante zampine nere.
poi ha preso il funghetto… mamma ha sempre qualche difficoltà a scegliere una sola cosa quando ne ha davanti molte… le succede sempre, anche con i suoi vestiti o i luccichini…

Quindi dicevo, il funghetto, con il cappellino rosso con i puntini bianchi. Il rosso è il mio colore, dai Mamy! Vai con il funghetto!!!!

Ma mamma lo ha riposto… ed ha preso la farfalla, che è bella anche lei, tutta colorata. Mamma dice che è il costume che fa per noi, base rosa e tutto colorato…

Mi piace la farfalla, anche se è un insetto, è il più bello di tutti, è molto elegante, e mamma ha due orecchini a farfalla bellissimi, quindi ok, comperiamo Mamy? Tiriamo fuori la carta?

Ma poi Mamy torna indietro (di nuovo) a prendere il costume a coccinella.

Bella…

Da appeso non sembrava così bello…

È rosso, il mio colore, ha i pallini come il funghetto, ma sono neri e più grandi, e un cappellino rosso, delle zampine nere….è lui!!!

SSSIIIIII

Sarò la coccinella! Lo larò mamma???? Lo prendiamo???

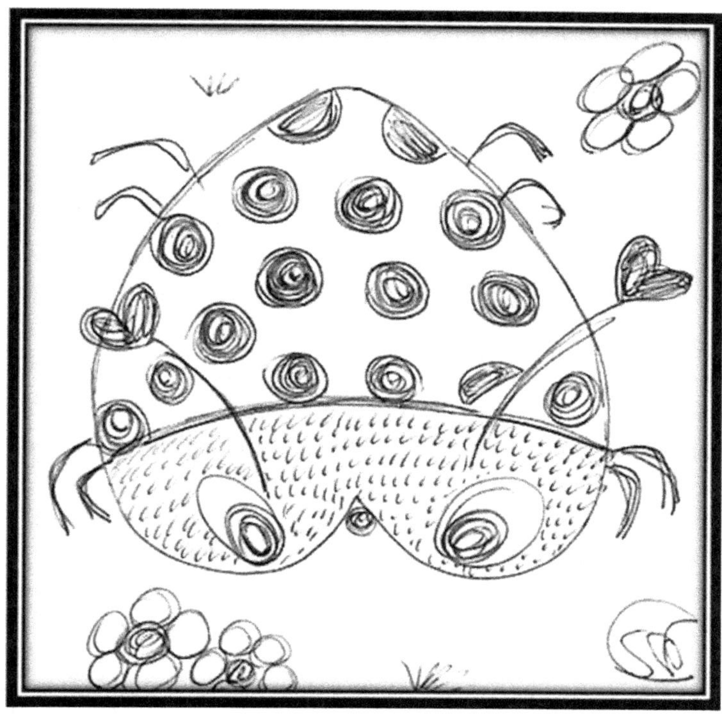

Mamma mi guarda , sorride e mi dice " sì amore, sarai la coccinella".

EEEVVVAAAIII!!!!Evviva la coccinella!!!!

Sono la coccinella...

Sono la coccinella...☺☺☺!!!!!☺☺☺!!!!!☺☺☺!!!!!

Sono la coccinella…

Pap-pa-pe-ro!

Anche mamma si vestirà di certo, e poi mi porterà in piazza per sfoggiare i nostri vestiti, bello mamma, grazie! ☺☺☺!!!!!

- _La S. Pasqua, Mamy mi racconta una storia, lei sa sempre delle storie bellissime_

E'arrivata la S. Pasqua… mamma è sempre felice quando arriva, perché vuol dire che tra poco fiorirà il nostro ciliegio, e il giardino diventerà una grande nuvola rosa….

Pasqua significa primavera, significa gioia, significa che mamma sorriderà.

Il sorriso di mamma è quello più bello del mondo, e in primavera illumina tutta la stanza, anche il soffitto azzurro della mia cameretta.

Mamma sa che a Pasqua papà ci porterà un bellissimo uovo di cioccolato, fatto nella pasticceria preferita di mamma.

L'uovo di cioccolato è fatto da una gallina speciale, nutrita con latte e polvere di cioccolato tutto l'anno, apposta per produrre un sacco di uovo di cioccolato al latte per tutti i bambini del mondo.

Inutile dire che mamma, da golosa che è, è ghiottissima di cioccolato al latte (meglio se con le nocciole).

Io invece vorrei ricevere un uovo di cioccolato bianco, mi piace tanto, perché è pieno di latte, come quello che bevo dalla mamma, ma con più zucchero.

Dite che papà si ricorderà di me???

Dite che avrò un uovo anch'io?

Gigante come quello di mamma dello scorso anno???

Pieno di zuccherini colorati????

Con gli smarties??? Come mi piacerebbe con gli smarties....

Di certo papà comprerà quello che gli consiglierà mamma, che sa sempre qual è la cosa giusta da fare per me.

Io mi fido ciecamente.

Adesso però vi devo raccontare di quando io e mamma abbiamo fatto… indovinate… IL TEST DI PASQUA!!!!

Pare che nel giornale che compera mamma ci siano sempre i cosidetti test-a-tema.

Quindi dato che adesso siamo in periodo pre-pasquale, mamma fa il consueto test.

Test: Che animale Pasquale sei????

<u>Domanda nr 1</u>

Ti piace di più:

a) Restare davanti al televisore a pigrottare
b) Fare sport
c) Fare una passeggiata sotto il sole

…ne vogliamo anche parlare???? Certo mamma ama il sole, e le piace tanto stare sotto il sole ad abbronzarsi, ma una cosa è stare sotto il sole sulla sdraio, una cosa è camminare sotto il sole cocente per kilometri e kilometri…

Fare sport mi sembra un' opzione discutibile… vediamo, quando ero nel pancione mamma faceva tutti i giorni esercizio con la WII, in pratica accendeva un gigantesco televisore, appariva un insegnante virtuale, che la pesava elettronicamente… mamma non amava molto questo momento… diceva sempre che la bilancia era sbagliata, e che le aveva "dato" almeno un kg in più…

La bilancia deve essere un oggetto generoso allora…

Poi, dopo la registrazione della pesa, la signora cominciava a dire:

posizione del serpente..... e mamma si muoveva in un modo molto strano... io sentivo il pancione che si contorceva...

poi la vocina diceva ancora: posizione della locusta... posizione della tartaruga... e mamma si muoveva ancora e io anche nel pancione... e così via per un sacco di posizioni.

Alla fine del corso mamma si faceva la doccia... quindi la lezione doveva essere davvero faticosa.

Quindi mamma è chiaramente una sportiva.

Tuttavia...

Questo inverno, abbiamo pigrottato un sacco nel lettone al calduccio insieme. Mamma mi dava il latte caldo, poi mi abbracciava e ci avvolgeva insieme sotto il piumone…. AAAHHHHH che ricordo me-ra-vi-glio-so!!!!

Quindi mamma di certo ama fare sport, ma ama anche tantissimo stare sotto il piumone….

Mamma alla fine ha messo a).

Lo sapevo!!!!

Era troooopppooo bello restare abbracciate insieme tutto il pomeriggio, mentre fuori nevicava o pioveva.

Erano momenti meravigliosi e di grandissime coccole, di tanti baci e bacetti…quanto amo la mia mamma!

Stare accoccolati sotto al piumone con la mamma è la cosa più bella del mondo!

Passiamo alla <u>seconda domanda</u>:

<u>Che animale del bosco saresti?</u>

a) un cerbiatto

b) uno scoiattolo birbante

c) una rana nello stagno

Commenti a caldo:

Mi pare che la rana non faccia parte degli animali del bosco, o no?!?!

La rana non è quella che vive nello stagno, che poi bacia la principessa e diventa un bellissimo principe? Non dice così la favola che mamma mi ha letto l'altra sera?

Certo se lo stagno fosse nel bosco, allora sarebbe ok, ma credo che il personaggio non sia pertinente.

Infatti mamma sbuffa e dice...! "ma figuriamoci se faccio la rana", e gira la pagina...

Potremmo fare due ranocchiette insieme Mamy....

Invece la risposta a) ci piace!!!!!

Un bellissimo cerbiatto con gli occhi grandi, come mamma!!!

- Con uno sguardo dolcissimo, come mamma!!!!
- Con le ciglia lunghe e folte, come mamma!!!
- E gli occhi scuri, come mamma!!!
- Con la coda bruna, come mamma!!!
- Con le caviglie sottili, come mamma!!!
- E le orecchiette piccine, come mamma!!!
- E i piedini piccoli, come mamma!!!
- Mamma sarà un cerbiatto???

Noooooo!!!!

Allora dicevamo che la rana l' abbiamo scartata, e il cerbiatto ci piace, tanto.

Resta da analizzare la storia dello scoiattolo… in effetti lo scoiattolo ci piace!

Mi sembra un animaletto carino, ma la mamma è decisamente TTTRROOOppo femminile per fare uno scoiattolo.

Pare infatti che lo scoiattolo si arrampichi sui rami, e davvero mamma non ce la vedo ad arrampicarsi…

Quindi direi che possiamo scegliere la b), cerbiatto con gli occhi grandi.

Passiamo alla *terza domanda:*

<u>Se potessi scegliere tra questi lavori, che cosa faresti???</u>

a) L'insegnate
b) La sub
c) La super-eroina

Uhm… allora, la sub nemmeno a parlarne, di sicuro vi ho già parlato del rapporto di mamma con l'acqua, non troppo idilliaco…

L'insegnate in effetti potrebbe. Mamma sa un sacco di cose, e di certo le piace insegnare… per esempio a papà insegna un sacco di cose…

Per esempio come alzare la tavoletta del water.

Come riordinare i calzini, e le ciabatte.

Come disporre la spesa nel carrello.

Etc.

Quindi di certo insegnare le darebbe soddisfazione.

Tuttavia….

La super-eroina ci piace un sacco…

SSSIII… la supereroina, supereroina!!!!!!

Vai Mamy, andiamo insieme alla conquista del mondo, che bello!!!

Tu voli, come SAM SAM, ed io ti seguo nell'ovetto!

Faccio il tuo Robin! La tua spalla! La tua assistente personale!

Quindi in accordo con mamma scegliamo c), la supereroina.

Vai subito con la <u>domanda nr 4.</u>

<u>Se fossi una principessa saresti:</u>

a) La più bella del reame

b) La bella addormentata

c) Raperonzolo

direi che qui andiamo sicuri sulla a).

Di certo mamma non è addormentata… poi parliamo di quella che viene svegliata dal principe figo, oppure quella di prima del rospo??? Perchè forse della prima potremmo parlare, ma non credo che mamma potrebbe mai baciare un rospo…

Questa raperonzolo invece è una new entry… sarebbe quella con la treccia lunga che fa salire il principe con la sua treccia???

Ma ne vogliamo parlare???

Qualcuno di voi ha provato per caso??? Ma non sapete come fa male quando ti tirano i capelli?

Figuriamoci far salire un bell'inbusto di, facciamo…75/80 kg????

E poi parliamo di igiene???? Con la scarpacce sporche (o peggio con gli stivali da equitazione) sui capelli??? Ma dai!

Di certo questa favola è stata scritta da un uomo!

Quindi prendiamo a), la più bella del reame.

Ultima domanda e poi sapremo il verdetto:

<u>Domanda nr 5</u>

<u>Che tipo di cioccolato ti piace mangiare nei momenti difficili?</u>

   a) Cioccolato fondente amaro, 75%
   b) Cioccolato bianco con il riso soffiato, tipo biancorì
   c) Cioccolato al latte con le nocciole

Vediamo:

Mamma ama il cioccolato, ma non quello fondente, che piace solo a papà e ai grandi…

Mamma ama le mandorle, perché mangia sempre un sacco di confetti quando qualcuno si sposa, ma anche se qualcuno non si sposa.

Mamma ama il biancorì e anche il cioccorì…e il cioccolato al latte le piace un sacco…

Non saprei cosa dire, forse la b), perché il biancorì le ricorda la sua infanzia, quando mangiava il cioccolato a casa della sua nonna, con la sua cuginetta N., guardando "bim bum bam", condotto da un certo UAN, che vorrebbe dire uno per chi non sa l'inglese.

Perché per chi lo sa… uno si dice ONE, come mamma mi ha insegnato.

Quindi metterà a)????

…Ha messo a), anche se so che la rinuncia alla nocciole è stata dura per lei…

Allora, vediamo il verdetto, che animaletto di Pasqua saremo???

Le opzioni sono:

profilo 1) <u>coniglietto</u>, animale dolcissimo con dei grandi occhioni, pelo morbidissimo e codino vaporoso, simboleggia una dolcissima personalità

profilo 2) <u>pulcino</u>, animale paffutello e piccino, di colore giallo, che simboleggia una personalità forte e solare

profilo 3) <u>capretto</u>, animale forte e ginnico, che simboleggia un carattere battagliero.

<u>Io e mamma siamo un coniglietto.</u>

Come quelli della storia di mamma, in cui mi raccontava che i coniglietti consegnano le uova ai bambini la mattina di Pasqua.

In pratica sono come Babbo Natale, solo che sono in tanti, quindi mi sembra più probabile che possano consegnare in tutto il mondo tantissime uova, anche partendo da lontano (Isola di Pasqua), dove pare che le producano e le incartino con carta colorata pasquale.

Lo scorso anno io e mamma abbiamo ricevuto un bellissimo uovo, ma non abbiamo visto nessun coniglietto... devono essere velocissimi.

Come il vento che soffia tra le fronde del ciliegio davanti alla nostra casa.

Mamma dice che sono veloci e bellissimi, tutti lo sanno, ma se qualcuno dovesse vederli la magia si romperebbe.

Sono così veloci perché hanno una polvere magica sul codino, che permette loro anche di volare.

Anche i pulcini però sono presenti nella storia di mamma.

I pulcini, che sono molto professionali, restano tutto l'anno nell'Isola di Pasqua, a programmare la consegna delle uova di cioccolato e dei cestini di Pasqua.

C'è il pulcino contabile, che conta ogni anno i bambini del mondo, e aggiorna i dati.

Il pulcino postino aggiorna gli indirizzi di consegna e li divide per settori del mondo.

Il pulcino ingegnere, con il suo team di tecnici, olia e fa manutenzione alle macchine per produrre la cioccolata, controlla i forni per la cottura.

Il settore business-intellegence dell'isola invece fa delle ricerche di mercato, per capire quali sono i prodotti più graditi dai bambini, ed implementano un action-plan di conseguenza.

I pulcini addetti alle macchine di confezionamento lavorano per cernire i materiali, controllarne la qualità, creare delle grosse barre di cioccolato.

I pulcini che lavorano in magazzino poi le stoccano a seconda del loro gusto, la tipologia, le caratteristiche di conservazione.

I pulcini del QA (quality assurance), che oramai è un ramo fondamentale di ogni sito produttivo che si rispetti, QA certifica la qualità dei materiali in entrata, vista ogni fornitura prelevando dei campioni di verifica, controlla la qualità delle materie prime, e la corrispondenza dei materiali con i prodotti finiti, una volta che essi vengono lavorati.

Poi quando il QA ha vistato tutti i materiali, i pulcini del confezionamento possono dare il via alla produzione.

Versano il cioccolato in grandi forme, lo scaldano nei grandi forni e danno loro mille forme diverse.

Le forme che devono avere le uova, e anche i colori da utilizzare per i pacchettini da fare, vengono creati dal gruppo Artworks, dove lavorano i pulcini più creativi.

Loro è il compito di sviluppare delle confezioni gradevoli, e sempre diverse di anno in anno per soddisfare i bambini più esigenti, ed anche le loro mamme.

Tutto il processo viene preso molto seriamente, perché il pulcino direttore, sa che le aspettative dei bambini sono molto alte.

Quindi ogni anno il processo di ricerca e sviluppo del cioccolato si ripete, e poi i coniglietti consegnano il frutto del duro lavoro.

Fico, vero?

Mi sembra che questi pulcini e coniglietti siamo ben organizzati….

Quindi va bene se dal test siamo risultati essere due coniglietti.

Invece il capretto non compare, certo non abita nell'isola di Pasqua, quindi come mai risulta nelle opzioni del test?

Mamma dice che è un animale dolcissimo, ma che farebbe meglio a prendersi un mesetto sabbatico durante il periodo di Pasqua, che è meglio! (non mi ha detto altro).

Quindi.

Test finitissimo.

Mamma chiude il giornale e ci prepariamo per il pranzo dai nonni, certo sarà buono come quello di Natale, ma con tanto cioccolato in più!!!

Io adesso ho sonno,

e mi sento un po bagnato…

E ho fame

E mi fa un po' male il pancino…

Quindi piango.

Così mamma mi cambia, mi da il latte e mi coccola, e passa tutto, poi mi faccio un bel sonnellino tranquillo mentre andiamo in macchina dai nonni.

Buona S. Pasqua a tutti i cuorini del mondo!!!

<u>Il mio prima compleanno, grazie Mamy del nostro primo anno insieme!</u>

Eccoci qui.

La S. Pasqua è passata allegra, in una bella giornata di sole.

Forse anche il Sig. Sole ha ricevuto un bell'uovo di cioccolato, ed ha deciso di ringraziare i coniglietti mandando forti i suoi caldi raggi sulla terra.

Arriva il mese di maggio.

Mamma dice che maggio è il mese delle Madonna. E che la Madonna è la mamma di tutte le mamma, quindi è la mamma più importante di tutte.

Mi ricordo bene quando mamma andava nella chiesa dove è cresciuta, io ero ancora in cielo, mamma si metteva in ginocchio davanti alla mamma di tutte le mamme, e la pregava di mandarmi da lei.

E io dal cielo le gridavo, "sono qui Mamy", devi solo guardare in alto, desiderarlo, ed io arriverò".

Ma lei non guardava mai il cielo, e abbiamo dovuto aspettare ancora…

Poi un giorno ,mamma dopo aver pregato, ha alzato gli occhi, e il suo cuore mi ha visto.

Ed io ho visto dentro il suo cuore.

E siamo diventati una cosa sola.

Quando mamma ha saputo di me, è tornata nella sua chiesa ed ha portato una rosa bianca alla Madonna.

E le ha detto grazie di avermi mandato da lei, poi siamo rimasti lì, in silenzio, insieme.

Ho sempre pensato che averle regalato un fiore fosse stato un bel gesto.

Certo non poteva ricambiare quello che avevamo ricevuto, ma è stato comunque importante.

Maggio è anche il mese delle rose, che mamma ama tantissimo.

Come non si potrebbe amare una rosa?

È così delicata e soffice, e ne esistono tantissime di tutti i colori.

Mamma a Maggio ha piantato una rosa rosa per me.

L'ha messa nel nostro giardino, per ricordarci sempre, nel mese di maggio, che da lì a poco sarei arrivato io.

Che bello essere ricordato con un fiore così bello. Poi mamma dice che quella rosa è la più speciale di tutte nel suo cuore, perché rappresenta me.

L'ha piantata con le sue mani, l'ha illuminata con i suo sorrisi, ed innaffiata con le sue lacrime, di gioia e di dolore, così la rosa ha preso tutte le sue sfumature.

Le sfumature delicate e luminose del suo bellissimo sorriso, quelle più fragili delle sue lacrime, nei giorni in cui era triste, e le lacrime di gioia nei giorni felici.

Avrà delle spine e, come mamma, si dovrà difendere per non rivelare la sua anima fragile… La rosa crescerà, diventerà alta, forte e bellissima, come mamma e forse anche come me… un giorno…

Affronterà i duri inverni con l'aiuto del calore di mamma, che la proteggerà dalle intemperie della vita.

Gioirà delle giornate di sole.

Oscillerà al vento, ma non si spezzerà mai, nemmeno nelle giornate in cui il vento sarà più forte, perché mamma sarà sempre lì, accanto a lei a preteggerla, anche a costo di farsi pungere dalle sue spine.

Mamma le sarà sempre accanto, come farà con me.

La amerà come ama me, come il piccolo principe amava la sua rosa…, nella storia che mamma mi legge sempre la sera prima di mettermi nella culla.

Perché prendersi cura di lei per il piccolo principe era tutto il suo mondo, e la cosa più importante. E sono sicuro che anche per mamma prendersi cura di me adesso è la cosa più importante .

Mi dice sempre che adesso sono tutta la sua vita.

E che mi ama più di tutti.

E quando me lo dice, il mio cuoricino si fa grande grande e gonfio di gioia, e vola alto come i palloncini nel cielo che voleranno alti il giorno del mio primo compleanno.

Siamo arrivati a Giugno.

Giugno è il mese del mio compleanno, e anche di quello di mamma. Magari festeggeremo insieme.

(to sing)

Buon compleanno a me…

Buon compleanno a me….

Buon compleanno cuoricino-o….

Buon compleanno a me!!!!!

Buon compleanno a me…

Buon compleanno a me….

Buon compleanno cuoricino-o….

Buon compleanno a me!!!!!

Evviva!!!!!

L'altro giorno l'ho sentita parlare con papà di una festa per me, in cui ci sarebbero stati 1000 palloncini rosa, un sacco di confetti e delle piccole bomboniere, dei regali per me tutti impacchettati di rosa, e dei grandi fiocchi.

Happy birthday to you-u…

Happy birthday to you-u…

Happy birthday cuoricino-o…

Happy birthday to you-u…!!!!!

Happy birthday to you-u…

Happy birthday to you-u…

Happy birthday cuoricino-o…

Happy birthday to you-u…!!!

Mamma ama moltissimo le feste, quindi di certo organizzerà qualcosa di speciale.

Festeggiamo il nostro primo anno insieme. È stato un anno fantastico. Abbiamo fatto tante conquiste insieme.

A 4 mesi ho avuto le colichette, mi ricordo ancora il male!

Erano insopportabili e mi facevano piangere tantissimo. Mamma però mi prendeva sempre in braccio e mi massaggiava il pancino, era un vero sollievo.

Stavo male, ma sapevo di poter contare su di lei in ogni momento.

Poverina, deve amarmi davvero tanto, perché in questi mesi mi è stata accanto in ogni momento, aspettava perfino a farsi la doccia, se le sembrava che io avessi bisogno di averla accanto... che carina! Spero davvero di poterla ricambiare un giorno....

Se non ci fosse stata lei, non ce l'avrei mai fatta a supeare le colichette, né ad imparare a mangiare con il cucchiaino... che è difficilissimo se non hai i denti, e le tue manine non reggono nemmeno il cucchiaino di silicone, ma mamma con grande pazienza mi ha insegnato ogni cosa.

Quindi grazie mamma.

Per tutti i massaggi-anti-colichetta.

Per tutto il latte che mi hai dato quando avevo fame.

Per tutte le volte che ti sei alzata di notte per prendermi in braccio.

Per tutte le ninna nanne.

Per tutti i patelli, ca. 200 milioni, cambiati in questi 12 mesi.

Per tutti i bagnetti caldi fatti con la spugnetta e quel bagnoschiuma con quel buon profumo.

Per tutti i bacetti e tutti gli abbracci.

Per ogni volta che mi hai detto "ti amo".

Per tutti i sorrisi bellissimi.

Per tutti i complimenti che mi hai fatto quado imparavo qualcosa di nuovo, anche se non sempre lo facevo davvero bene.

Per avermi comperato tutte le cose belle che ho.

Per aver tanto pregato la mamma di tutte le mamme che mi mandasse proprio da te.

<u>Oggi compio un anno.</u>

Ormai sono grande abbastanza per capire che tu ci sarai sempre per me. Allora quando mi parli cerco di sorriderti meglio che posso, e dirti mamma, che è una delle poche parole che so dire, ed è il mio modo di dirti che anch'io ti amo. Mamma.

AAA.

AAA,

 M come Mamma cercasi.

Com amore

Il tuo cuoricino.

www.ingramcontent.com/pod-product-compliance
Lightning Source LLC
LaVergne TN
LVHW020316200726
843507LV00012B/2126